Les rois de France

Patrick Weber

Les rois de France

Librio

Inédit

Cet ouvrage a été relu et complété par
Jean-Baptiste Santamaria, élève à l'École normale
supérieure de lettres et sciences humaines de Lyon,
agrégé d'histoire.

Cartographe : Carl Voyer

Sommaire

Note de l'éditeur

Avant Jean II le Bon, les portraits de rois présentés dans cet ouvrage ne sont pas fidèles à la réalité. En effet, il n'existait alors aucune représentation des rois, sinon, pour certains, quelques sceaux et sculptures. Mais ces représentations n'étaient pas « réalistes » au sens où nous l'entendons aujourd'hui. Cela n'a pas empêché certains historiens et artistes des siècles ultérieurs de représenter les rois tels qu'ils se les imaginaient, en accord avec ce qu'ils croyaient savoir de leur personnalité.

Les mots en gras suivis d'un astérisque renvoient au lexique en fin d'ouvrage.

Les Mérovingiens francs

Contrairement à d'autres civilisations de l'époque, la Gaule n'a pas de système monarchique stable unifiant les différents peuples qui la composent. Un seul nom s'est distingué : celui de Vercingétorix, le chef arverne défait par César. La Gaule passe ensuite sous administration romaine et connaît une longue période de stabilité et de progrès. La fin de l'Empire romain d'Occident correspond au déferlement des invasions « barbares », celles des Wisigoths et des Huns notamment. C'est aussi à cette époque qu'émergent les premiers noms de rois. À mesure que l'Empire romain se désagrège, les Francs s'imposent dans les territoires qui constituent la France actuelle. Au IVe siècle, la royauté qu'exercent les Mérovingiens n'est qu'une dignité accordée par les Romains aux généraux étrangers qui gardent les frontières de l'empire. Mais avec Clovis, ce titre, porté par d'autres rois francs, s'étend à toute la Gaule et les rois mérovingiens tendent à s'affranchir de la tutelle romaine. Si Clovis fait œuvre unificatrice, la coutume du partage du royaume entre les héritiers empêchera la constitution d'un domaine royal stable et unifié. Par intermittence, certains rois comme Clotaire Ier et Dagobert Ier réussissent à affermir et à reconstituer le domaine royal mais ces succès ne s'inscrivent pas dans la durée. Les derniers Mérovingiens sont restés dans l'histoire comme les « rois fainéants » : ils possèdent encore le titre royal mais sont dépourvus de tout pouvoir effectif.

Clodion le Chevelu (vers 400-447)

Dates de règne présumées : 428-448
Épouse : inconnue

Chef franc qui devient roi de Cambrai après avoir conquis le nord de la Gaule. Il règne sur les Francs **saliens***.

Mérovée (début du Vᵉ siècle)

Dates de règne présumées : 448-458
Épouse : inconnue

Probablement fils ou gendre de Clodion. Il s'allie au général romain Aetius pour combattre Attila, le redoutable chef des Huns qui avait envahi la Gaule dans le but de poursuivre ses vassaux wisigoths ayant fui leurs terres pour s'installer dans le sud de l'Europe. C'est Mérovée qui a donné son nom à la première dynastie française.

Childéric Iᵉʳ (436-481)

Dates de règne : 463-481
Épouse : Basine de Thuringe

Dernier roi païen, il règne sur le territoire de Tournai, berceau de la monarchie mérovingienne. Il combat aux côtés du général romain Aegidius les Wisigoths d'Aquitaine qui avaient entamé une remontée sur le territoire franc jusqu'à la Loire.

Clovis Ier (465-511)

Dates de règne : 481-511
Épouse : Clotilde (475-547)

Quand il monte sur le trône, le fils de Childéric Ier et de Basine de Thuringe règne sur un territoire qui correspond environ au nord de la France et au sud de la Belgique actuelles. Sa capitale est établie à Tournai. Il mène une longue série de combats et de meurtres « politiques » pour se tailler un domaine à la mesure de son ambition. Il défait à Soissons le général romain Syagrius. Pour mener cette bataille, il conclut un accord avec deux autres chefs francs **saliens*** qu'il fait mettre à mort une fois la victoire acquise. La défaite de Syagrius est liée à la légende du vase de Soissons. Après le combat, les guerriers se seraient réunis pour se partager le butin. Clovis aurait manifesté alors son désir de s'octroyer un vase appartenant à l'évêque de Soissons. Un des chefs francs lui aurait refusé ce privilège, qu'il jugeait usurpé, et aurait brisé le vase convoité. Un an plus tard, alors que Clovis passait ses troupes en revue, il se trouva face à l'homme qui avait brisé le vase et jeta sa **francisque*** à terre. Le soldat se serait baissé pour la ramasser et le roi lui aurait fracassé la tête en lui criant la phrase devenue célèbre : « Souviens-toi du vase de Soissons »...

Clovis poursuit sa politique d'expansion territoriale en combattant les **Alamans***, les Burgondes, les Wisigoths.

Il épouse Clotilde, la fille du roi des Burgondes, et réalise de la sorte la première union dynastique de l'histoire de France.

Le haut fait politique de son règne est sa conversion au christianisme, la religion de son épouse. En 496 ou 498, Clovis tente de repousser les Alamans à Tolbiac, un lieu qui devait se trouver entre l'Alsace et la Lorraine actuelles. Les Alamans sont de redoutables guerriers dont la capitale est établie à Cologne. Clovis promet de se convertir s'il remporte la victoire... Le roi des Alamans est tué et les troupes germaniques sont défaites. Clovis tient parole. En 496, à Noël, le roi et plusieurs de ses hommes se font baptiser à Reims par l'évêque Rémi qui l'a instruit dans la foi chrétienne. En embrassant la religion chrétienne, Clovis accomplit un acte politique de première importance. Il unit le trône et l'Église et entre dans l'histoire comme le véritable fondateur de la monarchie française. À sa mort, il a réussi à unifier la Gaule à de rares exceptions près. Connu avant tout comme un chef de guerre, il s'est aussi investi dans la rédaction d'un code juridique appelé « **loi salique*** ».

Clotaire Ier le Vieux (497-561)

Dates de règne : 558-561
Épouses : Ingonde, Arégonde,
Gontheuque, Radegonde (519-587),
Chunsène, Waltrade

Selon la coutume franque, l'héritage
de Clovis Ier est divisé entre ses fils sous
l'autorité de son aîné Théodoric. Mais
finalement c'est Clotaire, le dernier fils
de Clovis, qui œuvre à la recomposition
du royaume à coups d'alliances et d'as-
sassinats. Il passera sa vie à lutter contre ses frères pour reconstituer l'héritage paternel. Mais ses efforts de remembrement se
révéleront vains puisque son royaume sera divisé entre ses quatre
fils à sa mort après seulement trois années d'unité.

Clotaire II le Jeune (584-629)

Dates de règne : 613-629
Épouses : Haldetrude, Gertrude
(?-620), Sichilde

Clotaire II, fils de Chilpéric Ier, roi de
Neustrie, et de la reine Frédegonde
œuvre sans relâche à la réunification du
domaine, accomplie en 613. Il n'hésite
pas à avoir recours à l'assassinat pour
parvenir à ses fins. En 614, un concile
est réuni à Paris. Les **évêques*** édictent
un texte qui fixe les principes de gouvernement. Le règne de
Clotaire II voit la montée en puissance des **maires du palais***
mais il préfigure aussi la politique dynastique de ses successeurs
puisqu'il fait reconnaître son fils Dagobert comme roi d'**Austrasie***
sept ans avant sa mort.

Dagobert Ier (vers 609-639)

Dates de règne : 629-639
Épouses : Gomatrude, Ragnétrude, Nantilde (610-642), Vulfégonde, Berthilde

Dagobert incarne la fin de la période faste de la dynastie. Son frère cadet Charibert tente de s'emparer du trône. La conjuration échoue. Dagobert, magnanime, lui cède un **apanage*** : l'administration des régions du Sud-Ouest.

Dagobert Ier règne sous la tutelle de Pépin l'Ancien, **maire du palais*** carolingien, puis s'en affranchit. Il s'empare de la Bourgogne et de la **Neustrie*** et devient roi des Francs. Sous son règne, le commerce se développe et de nombreuses abbayes sont fondées. Il est inhumé à l'abbaye de Saint-Denis, qui deviendra nécropole royale.

Clovis II le Fainéant (?-657)

Dates de règne : 639-657 (Neustrie, Bourgogne), 656-697 (Austrasie)
Épouse : Bathilde (?-680)

Clovis II n'est qu'un enfant lorsqu'il monte sur le trône. Le pouvoir effectif est détenu par sa mère Nanthilde et par le **maire du palais***, Grimoald.

Le pays est réunifié mais Clovis II est dépossédé du pouvoir par les maires du palais et apparaît à ce titre comme le précurseur des rois fainéants.

Clotaire III (657-673)

Dates de règne : 657-673 (Neustrie et Bourgogne)
Épouse : inconnue

Le premier fils de Clovis II et de Bathilde est d'abord roi d'**Austrasie***. Il hérite des autres royaumes francs en 657 mais il préfère laisser le pouvoir entre les mains des **maires du palais*** qui gagnent en assurance à mesure que les prérogatives royales diminuent.

Childéric II (vers 653-675)

Dates de règne : 663-675 (Austrasie), 673-675 (Neustrie et Bourgogne)
Épouse : Bilichilde (?-675)

Fils de Clovis II, il monte sur le trône en 673. Dans un premier temps, Himne-childe, belle-sœur de Clovis II, exerce sa tutelle. Ensuite, Childéric II laisse au **maire du palais*** le soin de gouverner. Le roi épouse Bilichilde, la fille de **Sige-bert II*** avec laquelle il périt, assassiné, au cours d'une chasse.

Thierry III (654-695)

Dates de règne : 673-691 (Neustrie et Bourgogne)
Épouses : Clotilde (650-699), Doda

Frère de Clotaire III et de Childéric II, le nouveau roi monte sur le trône dans des conditions troubles. Certains le tiennent pour faible d'esprit. Il assiste impuissant à la lutte entre les **mai-res du palais*** qui s'entre-déchirent pour détenir le contrôle total de l'État. Pépin le Jeune s'arroge le titre de *dux et princeps francorum*. Le pouvoir des Mérovingiens est de plus en plus contesté.

Clovis III (682-695)

Dates de règne : 691-695
Épouse : Tanaquille (?-696)

Le fils de Thierry III et de Clotilde ne règne pas, laissant le pouvoir entre les mains du **maire du palais***, le puissant Pépin le Jeune.

Childebert III (683-711)

Dates de règne : 695-711
(Neustrie, Bourgogne, Austrasie)
Épouse : Édonne

Sous son règne se poursuit la mainmise de Pépin le Jeune sur le pouvoir. Prudent, le **maire du palais*** préfère maintenir la fiction de ces rois fainéants dont l'autorité est nulle et le titre purement symbolique.

Dagobert III (699-715)

Dates de règne : 711-715 (Neustrie et Bourgogne)
Épouse : inconnue

Le fils de Childebert III est un enfant lorsqu'il monte sur le trône. Le puissant **maire du palais*** Pépin le Jeune ne rencontre donc aucune difficulté à poursuivre son règne non couronné. Le pouvoir des Mérovingiens est devenu purement symbolique.

Chilpéric II (670-721)

Dates de règne : 715-721 (Neustrie)
Épouse : inconnue

Le fils de Childéric II et de Bilichilde vivait dans un monastère avant d'accéder au trône avec le soutien du **maire du palais*** Charles Martel, fils de Pépin le Jeune.

Mais celui-ci finit par l'abandonner au profit de Clotaire IV, fils présumé de Thierry III. Clotaire IV ne peut régner et Charles est contraint de restaurer Chilpéric II. Celui-ci meurt peu de temps après sans avoir jamais véritablement régné.

Thierry IV (713-737)

Dates de règne : 721-737
Épouse : Chrotrudis

Pépin le Jeune sort Thierry de l'abbaye de Chelles où il avait été placé. Si le fils présumé de Thierry III n'a pas laissé de traces dans l'histoire, il en va tout autrement de son **maire du palais***, Charles Martel, qui combat avec succès contre les Saxons, les **Frisons*** et les **Alamans***. Sa politique consiste à christianiser ses ennemis avec l'aide du pape Grégoire II. Il affronte Abd al-Rahman, gouverneur de l'Espagne arabe qui avait réussi à piller Bordeaux, et remporte une victoire écrasante en 732 à Poitiers. Il apparaît alors comme le premier défenseur des chrétiens. Il protège aussi la papauté. Mais il est contraint de taxer lourdement le clergé pour financer ses guerres.

Il n'ose pas s'emparer du trône. À la mort du roi, il reste seul maître du domaine sous le titre de *dux et princeps francorum*. À sa mort, ses deux fils, Pépin le Bref et Carloman, se partagent son pouvoir.

16

Childéric III (714-753 ou 755)

Dates de règne : 743-751
Épouse : Gisèle

Fils de Childéric II. Charles Martel le fait sortir du monastère où il l'avait relégué et le fait monter sur le trône. N'exerçant aucun pouvoir, il est finalement déposé par Pépin le Bref avec l'accord du pape Zacharie. Dernier roi mérovingien, il meurt reclus dans un monastère.

Les Carolingiens

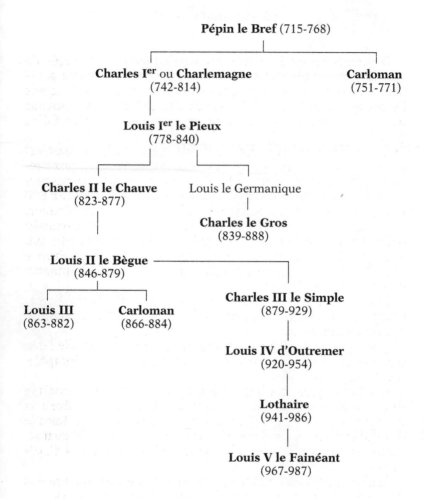

Pépin le Bref (715-768)

Charles Ier ou **Charlemagne**
(742-814)

Carloman
(751-771)

Louis Ier le Pieux
(778-840)

Charles II le Chauve
(823-877)

Louis le Germanique

Charles le Gros
(839-888)

Louis II le Bègue
(846-879)

Louis III
(863-882)

Carloman
(866-884)

Charles III le Simple
(879-929)

Louis IV d'Outremer
(920-954)

Lothaire
(941-986)

Louis V le Fainéant
(967-987)

Les Carolingiens

Descendants des Pippinides (issus de leur ancêtre Pépin de Landen, maire du palais d'Austrasie), les Carolingiens accèdent à la couronne en évinçant les Mérovingiens pour lesquels ils avaient longtemps été **maires du palais***. La nouvelle dynastie se rapproche du pape, et constitue son plus fidèle soutien.

La « deuxième race » (manière de nommer les dynasties) se lance dans une politique d'expansion territoriale sans précédent et s'impose comme la digne héritière des empereurs de jadis. À ce titre, le sacre de Charlemagne à Rome en l'an 800 marquera une forme d'apogée de la fonction royale en France.

L'idéal de Charlemagne est de reconstituer l'**Empire romain d'Occident***, contrepoint « naturel » de l'Empire byzantin qui a survécu à la chute de Rome. Son territoire englobe la France actuelle, la Belgique, les Pays-Bas, une partie de l'Allemagne, de l'Italie et de l'Espagne.

Les Carolingiens se distinguent aussi par leurs talents d'organisateurs en exerçant notamment leur pouvoir par l'entremise des *missi dominici**.

L'époque est également propice au développement de l'instruction et à la renaissance des arts, d'inspiration principalement religieuse.

Une fois de plus, la faiblesse de la dynastie viendra du système de succession. Le partage de l'héritage finit par conduire à la dislocation de l'empire. Plusieurs souverains issus de la famille des **Robertiens*** se succéderont à la fin de l'ère carolingienne. Cette même famille sera à l'origine de la dynastie des Capétiens.

Les derniers Carolingiens se révèlent également incapables de lutter efficacement contre les envahisseurs étrangers.

Pépin le Bref (vers 715-768)

Dates de règne : 752-768
Épouse : Berthe de Laon
(dite Bertrade) (719-783)

Le fils de Charles Martel commence par partager le pouvoir avec son frère Carloman jusqu'à ce que ce dernier renonce à ses droits et lui confie son fils Drogon. Pépin, qui doit probablement son surnom de « Bref » à sa petite taille, comprend l'erreur politique de son père qui s'était aliéné l'Église. Il imagine un système de reconnaissance des biens du clergé en échange de la concession aux guerriers de domaines « empruntés » à l'Église. En réconciliant la couronne et l'Église, il réussit à imposer son pouvoir. Il s'octroie également le monopole de la frappe de monnaie.

En 750, il sollicite le pape Zacharie pour s'arroger le titre de roi. Pragmatique, le Pontife lui répond que le véritable roi est celui qui exerce le pouvoir. Fort de cet appui, Pépin dépose Childéric III et se fait sacrer à Soissons, en 751, devant une assemblée de grands du royaume. Trois ans plus tard, le pape Étienne II sacre Pépin à Saint-Denis en présence de son épouse Berthe au grand pied et de ses deux fils Charles et Carloman. Fidèle à sa parole, Pépin vient en aide au pape et repousse les assauts des **Lombards***. Pépin mène encore une campagne victorieuse en Aquitaine avant de mourir et de céder la place à ses deux fils. À la fin de sa vie, le domaine royal constitué par Pépin comprend la France actuelle, mais aussi la Belgique, la Hollande, la Rhénanie et la Bavière. Grâce à son habileté politique et militaire, le premier Carolingien s'est taillé un royaume de la dimension d'un empire.

Charles Ier ou Charlemagne
(742-814)

Dates de règne : 771-814
Épouses : Himiltrude, Désirée
(758-783), Hildegarde (758-783),
Fastrade (765-794), Liutgarde
(776-800), Madelgarde, Régina,
Adelinde, Gerswinde (782-829)

Fils aîné de Pépin le Bref, Charles ne sera légitimé qu'à la suite du mariage de son père. À la mort de ce dernier, Charles I^{er,} plus tard surnommé « le Grand » (qui se dit *Magnus* en latin, d'où Charlemagne), hérite de l'Aquitaine occidentale, de la **Neustrie***, de l'**Austrasie*** et de ses territoires germaniques. La mort de son frère aîné Carloman, en 771, lors d'une expédition guerrière contre les **Lombards***, permet à Charles de réunifier le royaume. Pour parvenir à ses fins, il usurpe le titre de ses neveux, héritiers légitimes de son frère.

Devenu souverain incontesté du *Regnum francorum*, Charles Ier se lance dans une politique de conquête. Appelé à l'aide par le pape Hadrien Ier contre les Lombards, il bat ces derniers et devient en 774 roi des Lombards. Il combat également contre les Saxons, contre les Avars en Hongrie, et contre les Arabes en Espagne, au cours d'une campagne immortalisée par la *Chanson de Roland*. Il mènera au cours de sa vie plus de cinquante expéditions militaires. Il parvient ainsi à conquérir un vaste territoire qui correspond à peu près à l'Occident européen actuel. Il est sacré Empereur des Romains le jour de Noël 800, à Rome, par le pape Léon III. L'initiative papale suscite de nombreuses réactions, notamment de l'empereur d'Orient qui met du temps à l'accepter. Le centre géographique de l'empire s'étant déplacé vers l'est, Charles promeut au rang de capitale Aix-la-Chapelle, ancrant la dynastie carolingienne dans la terre germanique d'où elle est issue.

Charlemagne révèle ses grands talents d'organisateur. Il bâtit un système politique adapté à son immense empire. Les **comtes***, nommés et alors révocables, et les **évêques*** ont en charge leurs territoires mais l'empereur ne leur fait pas entièrement confiance. En conséquence, il prévoit un corps de *missi dominici** qui exercent un relais précieux entre le palais et les territoires éloignés de la capitale. Les ordres sont désormais écrits, et le clergé participe activement à cet élan administratif. Le souverain favorise aussi la fondation de monastères et d'écoles, stimulant ainsi l'émergence d'une élite lettrée. Sous son règne, l'activité culturelle et artistique prend un nouvel essor. Cette période sera qualifiée de « Renaissance carolingienne ». À ce titre aussi, Charlemagne s'inscrit dans la continuité de l'Empire romain d'Occident, un vaste empire chrétien réuni et pacifié.

Sur le plan personnel, Charlemagne est également un personnage hors du commun. Il ne comptera pas moins de neuf épouses, auxquelles il faut ajouter quantité de maîtresses, favorites et concubines ! Parmi toutes ses femmes, sa troisième épouse Hildegarde lui donne huit enfants, dont le futur Louis Ier. Fidèle aux coutumes mérovingiennes, Charlemagne partage dès son vivant son immense territoire entre ses trois fils (acte de Thionville, 806). Louis hérite de l'Aquitaine, Charles reçoit la **Francie***, l'Italie va à Pépin et plus tard à son fils Bernard. La mort de Charles en 810, puis celle de Pépin en 811 empêchent le démembrement.

En 813, Charlemagne fait couronner son fils Louis devenu désormais l'unique héritier de sa couronne impériale. Moins d'un an plus tard, Charlemagne contracte une pleurésie lors d'une chasse en Ardenne. Il s'éteint peu de temps après, à l'âge de soixante-douze ans.

Louis Ier le Pieux (778-840)

Dates de règne : 814-833 et 834-840
Épouses : Irmingarde (780-818),
Judith de Bavière (800-845)

Louis Ier succède en 814 à son père en qualité d'empereur. Afin d'assurer son pouvoir, il traque, tonsure et envoie au cloître les bâtards laissés par son père. Il condamne le relâchement des mœurs qui avait caractérisé la cour de Charlemagne, et met en avant la vocation chrétienne de l'empire.

En 818, Irmingarde meurt en lui laissant trois fils. Fidèle à l'exemple de son père, Louis divise le royaume entre Louis le Germanique, Pépin d'Aquitaine et Lothaire. Mais ce dernier se voit offrir la couronne impériale qui lui confère une primauté sur ses frères. L'*Ordinatio Imperii** permet de respecter la coutume tout en instituant l'idée d'une succession unique du titre impérial. Mais la seconde épouse de l'empereur, Judith de Bavière, conteste l'*Ordinatio Imperii*. Elle réclame pour son fils Charles une part de l'héritage, et plonge le pays dans une longue période de troubles. Les fils luttent contre le père, ou prennent les armes les uns contre les autres. Louis est déposé en 833 et retrouve son trône quelques mois plus tard. Il se fait couronner à nouveau en 835. La restauration de Louis entraîne le retour de Judith. La lutte se poursuit et contraint Louis à prendre les armes contre son propre fils, Louis le Germanique. Il remporte le combat mais meurt peu après sur une île du Rhin. Après le règne glorieux de son père, celui de Louis Ier laisse l'empire dans un état d'instabilité préoccupant.

Charles II le Chauve (823-877)

Dates de règne : 840-877 (roi des Francs), 875-877 (empereur)
Épouses : Ermentrude (830-869), Richilde (845-910)

Déjà entamée du vivant de Louis le Pieux, la lutte entre les frères ennemis se poursuit après sa mort. Suite au **traité de Verdun*** (843), le royaume est divisé entre les trois fils de Louis. La **Lotharingie*** et le titre impérial vont à Lothaire Iᵉʳ. La **Francie*** orientale revient à Louis le Germanique, et la Francie occidentale (futur royaume de France) échoit à Charles II. Le traité représente une date clé dans l'histoire de France, au point d'être souvent considéré comme l'acte fondateur de la France « moderne ». Charles II doit faire face aux incursions des Scandinaves. Paris est occupé le jour de Pâques 845. Il décide de verser une lourde rançon pour libérer la ville.

Malgré le traité de Verdun, Lothaire ne désespère pas d'imposer sa tutelle impériale sur ses frères. Mais ses efforts demeurent vains, d'autant plus que les vassaux gagnent en importance.

Parmi les grands personnages du royaume, Robert s'impose, contrôlant la Neustrie dont il est marquis. Il traite avec Louis le Germanique qui a pénétré en France, combat les Normands et les Bretons.

En 875, le pape Jean VIII couronne Charles II empereur des Romains, mais sa gloire est de courte durée. Il meurt en 877. Il demeure cependant le dernier Carolingien à avoir véritablement exercé le pouvoir.

Louis II le Bègue (846-879)

Dates de règne : 877-879
Épouses : Ansgarde (?-880), Adélaïde (853-901)

Le fils de Charles II et d'Ermentrude s'oppose à son père et finit par se faire reconnaître roi au prix de nombreuses difficultés : le pouvoir des **comtes*** s'accroît à mesure que celui du roi perd en importance.

Louis III (863-882)

Dates de règne : 879-882
Épouse : inconnue

Fils de Louis II, il est couronné en même temps que son frère Carloman. Ils affrontent ensemble les Normands qui envahissent la Loire et la Normandie. Louis III aurait perdu la vie en poursuivant une bergère dans sa demeure : omettant de descendre de son cheval, il aurait heurté de plein fouet le chambranle. Le royaume passe intégralement à Carloman.

Carloman (866-884)

Dates de règne : 879-884
Épouse : inconnue

À la mort de son frère, Carloman poursuit la lutte contre les Normands. Il meurt à l'âge de dix-huit ans d'un accident de chasse, et ne laisse aucun héritier au trône.

Charles le Gros (839-888)

Dates de règne : 884-887
Épouse : Richarde (845-900)

Le troisième fils de Louis le Germanique s'empare de la couronne au détriment de Charles le Simple (fils posthume de Louis II le Bègue). Eudes, le comte de Paris, est assiégé par les Normands à Paris, et Charles décide de lui porter assistance. Toutefois, il préfère ne pas lutter, et choisit de payer un lourd tribut en permettant aux envahisseurs de piller la Bourgogne. Ce comportement achève de le déconsidérer aux yeux de tous. La diète de Tribur le dépose pour incompétence en 887. Il se retire au monastère de la Reichenau en Souabe, où il meurt dans le plus grand dénuement quelques mois plus tard.

Eudes (860-898)

Dates de règne : 888-898
Épouse : Théodrade (868-903)

Ce n'est pas un Carolingien mais un **Robertien***, ancêtre des Capétiens. Fin négociateur, il s'illustre dans la lutte contre les Normands. Il ne réussit pas à les chasser, mais son prestige est grand : il est couronné roi après la déposition de Charles le Gros en 888 par la diète de Tribur.

Les Carolingiens sont opposés au changement de dynastie : Charles le Simple est à son tour couronné à Reims en 893. Eudes finit par lui céder une partie de son royaume en le reconnaissant héritier du trône. À sa mort, la couronne retourne aux Carolingiens. Les Capétiens devront encore attendre près d'un siècle avant de s'établir durablement sur le trône de France.

Charles III le Simple (879-929)

Dates de règne : 898-922
Épouse : Frédérune (vers 887-917),
Odgive (vers 903-après 951)

Surnommé le Simple, ce qui signifiait le Sincère, le Naturel, le fils posthume de Louis II le Bègue et d'Adélaïde est sacré par l'**archevêque*** Foulques en 893. D'ascendance carolingienne, il doit cependant partager le pouvoir avec Eudes (le comte de Paris devenu roi de France) pendant quelques années (896-898), puis il règne seul. Il traite habilement avec Rollon, le chef des Normands, et leur permet de s'installer dans la vallée de la Seine, par le traité de Saint-Clair-sur-Epte. Signé en 911, il met fin aux attaques normandes, et Rollon finit par se convertir au christianisme. Le chef « barbare » prouve par ce geste son ambition de réconcilier son peuple avec l'Église et de s'établir durablement sur le sol de France en fondant la Normandie.

Sa première épouse, Frédérune, étant morte à trente ans, Charles III parvient à épouser Odgive, la fille du roi Édouard Ier d'Angleterre. De plus, libéré de la menace normande, Charles s'étend vers l'est et conquiert la Lorraine. Mais ces réussites ne le mettent pas à l'abri des ambitions des **grands féodaux***, ni surtout du duc Robert, le frère d'Eudes. Robert a été couronné à Reims en 922, et Charles III le combat pour imposer son pouvoir. Il tue Robert, mais est vaincu par le fils de ce dernier, Hugues le Grand. Tandis que les partisans de Robert couronnent son beau-fils Raoul, Charles tombe dans un piège. Il est enfermé en 923 au château de Péronne où il meurt en 929. Sa femme Odgive quitte le pays et se réfugie en Angleterre avec son fils Louis, le futur Louis IV.

Robert Ier (860-923)

Dates de règne : 922-923
Épouse : Béatrice de Vermandois (vers 870-930)

Robert Ier est un **Robertien***. À la mort de son frère Eudes, il voit son titre de duc des Francs confirmé. D'abord fidèle à Charles III, il se révolte, se fait élire roi en 922 par les nobles de Neustrie et les évêques, et affronte son rival en 923 à Soissons, où il est tué. Pendant quelques mois, la France a donc deux rois, issus de deux dynasties différentes, et tous deux couronnés. Paradoxalement, la bataille au cours de laquelle il perd la vie voit la victoire de son fils Hugues le Grand qui défait Charles III et porte sur le trône son beau-frère le duc Raoul.

Raoul (?-936)

Dates de règne : 923-936
Épouse : Emma de France
(vers 894-934)

Raoul est le fils du duc de Bourgogne et le beau-fils de Robert Ier. Lui aussi est un **Robertien***. Il se fait sacrer roi à Saint-Médard de Soissons en 923 par l'archevêque Gautier, alors que Charles III, le roi légitime, est emprisonné dans la ville de Péronne. Raoul a épousé Emma, la fille de Robert Ier et de sa seconde épouse Béatrice de Vermandois, qui ne lui donne pas d'enfants. Il s'éteint en 936, après un règne au cours duquel il a combattu les Lorrains, les Aquitains, les Normands et les Hongrois.

Louis IV d'Outremer (920-954)

Dates de règne : 936-954
Épouse : Gerberge de Saxe (913-984)

La défaite de son père Charles III a jeté le jeune prince Louis sur la route de l'exil. Or, à la mort du roi Raoul, son beau-frère Hugues le Grand (fils de Robert Ier) ne réclame pas le trône pour sa famille. Il préfère aller chercher le jeune Louis, qui vit toujours en Angleterre. Il est couronné dans la ville de Laon en 936. Puis il épouse Gergerbe, veuve du duc de Lorraine et fille du roi Henri Ier de Germanie. Mais la lutte des Carolingiens contre les **Robertiens*** n'est pas finie. Hugues le Grand a épousé en 926 la fille du roi des Anglais et est devenu l'oncle du roi Louis (lui-même petit-fils du roi anglais).

Louis prend ombrage de la puissance de l'homme qui l'a porté sur le trône. Hugues constate l'hostilité croissante de Louis IV et gagne les faveurs de l'Église. Le conflit entre le roi et Hugues attise les convoitises étrangères et pousse le roi de Germanie Othon le Grand à attaquer. Confrontés à un ennemi commun, Hugues et Louis IV s'allient et repoussent l'invasion. Mais l'affrontement reprend très vite entre les deux hommes, et d'autres **grands féodaux***. Hugues fait arrêter Artaud, le principal conseiller du roi, grâce à l'appui du pape. De son côté, Louis IV est fait prisonnier par les Normands avant d'être libéré par Othon. Louis reprend alors l'avantage en faisant condamner Hugues par un tribunal ecclésiastique avec le soutien de son ancien ennemi devenu allié, Othon. Le roi en profite pour récupérer la ville de Laon qui était passée sous le contrôle du duc Hugues. En 950, les deux hommes se réconcilient et Louis paraît avoir définitivement vaincu son ennemi. Son triomphe sera néanmoins de courte durée puisqu'il disparaît quatre ans plus tard des suites d'une chute de cheval.

29

Lothaire IV (941-986)

Dates de règne : 954-986
Épouse : Emma (948-989)

Fils de Louis IV, Lothaire est associé au trône dès 946, avant d'être sacré à Reims en 954. Deux ans plus tard, le duc des Francs Hugues le Grand meurt et laisse un fils, Hugues (Capet). Les premières années du règne de Lothaire IV sont marquées par la régence de l'archevêque de Cologne. Lothaire assiste ensuite à l'ascension d'Othon le Grand, roi de Germanie, qui a déjà conquis la couronne de Lombardie, et qui réussit à se faire couronner empereur en 962. Lothaire l'affronte pour tenter de conquérir la **Lotharingie***. Hugues Capet s'oppose à ce projet, mais Lothaire n'en a cure et veut s'emparer d'Aix-la-Chapelle. Dans un premier temps, les troupes de Lothaire IV sont défaites. Charles, le frère du roi, est acquis aux intérêts germaniques et il livre la ville de Laon à Othon. Pendant que Lothaire fuit, les guerriers germaniques sont aux portes de Paris. L'appui de Hugues Capet se révèle alors décisif. Il repousse les Germains et gagne en popularité. Lothaire IV comprend la précarité de la situation pour sa dynastie et décide d'associer son fils Louis au trône. Après s'être réconcilié avec Othon II, il saisit l'occasion de la mort de son rival pour déstabiliser le **Saint Empire romain germanique***. Les Allemands s'appuient sur l'**archevêque*** de Reims, Adalbéron, pour contrer Lothaire. Adalbéron estime qu'il est temps de substituer à ce roi trop inflexible le docile Hugues Capet. Lothaire accuse Adalbéron de trahison. Le roi est sur le point de l'emporter quand il succombe à un mal mystérieux.

Louis V le Fainéant (967-987)

Dates de règne : 986-987
Épouse : Adélaïde d'Anjou (947-993)

Le dernier Carolingien ne laissera pas un grand souvenir dans l'histoire. Après avoir été associé au trône, il est sacré à Compiègne, en 979. Il affronte l'hostilité des **Grands*** du royaume qui lui reprochent notamment ses ennuis conjugaux. Louis V a épousé Adélaïde d'Anjou, la fille de Foulques II, comte d'Anjou et de Gerberge du **Maine***. La reine a déjà trente-quatre ans, alors que son époux est un jeune homme de quatorze ans. De plus, elle est veuve et plusieurs fois mère. Le mariage est un échec. Après deux années de coexistence mouvementée, la reine quitte son époux pour gagner la Provence où elle épouse le comte d'Arles. Adélaïde s'est donc mariée deux fois, et le scandale fait grand bruit.

Louis V poursuit le procès contre l'archevêque Adalbéron (suspecté de conspiration contre le roi) ouvert par son père. Le roi reçoit l'aide de Hugues Capet qui n'ose pas braver la volonté royale. Face à cette alliance des Carolingiens et des Robertiens, Adalbéron n'a d'autre choix que d'accepter de comparaître à son procès qui doit se dérouler à Compiègne. Mais le jeune Louis V trouve subitement la mort à la suite d'une mauvaise chute de cheval. Louis V n'a pas d'héritier et les nobles réunis pour le procès suivent l'avis du puissant Adalbéron. L'**ecclésiastique*** ne retient pas la candidature de l'oncle du roi, le duc Charles de Basse-Lorraine, qu'il considère comme un traître acquis à la cause des Allemands. L'idée de mettre sur le trône Hugues Capet s'impose en même temps que l'innocence de l'archevêque Adalbéron est reconnue. Dès lors, le destin des deux hommes se trouve lié.

Les Capétiens directs

Hugues Capet (941-996)
|
Robert II le Pieux (972-1031)
|
Henri Ier (1008-1060)
|
Philippe Ier (1052-1108)
|
Louis VI le Gros (1081-1137)
|
Louis VII le Jeune (1120-1180)
|
Philippe II Auguste (1165-1223)
|
Louis VIII le Lion (1187-1226)
|
Louis IX ou Saint Louis (1214-1270)
|
Philippe III le Hardi (1245-1285)
|
Philippe IV le Bel (1268-1314)

| **Louis X le Hutin** (1289-1316) | **Philippe V le Long** (1294-1322) | **Charles IV le Bel** (1294-1328) |

Jean Ier le Posthume (1316)

Les Capétiens directs

La troisième dynastie, qui coiffe la couronne de lys, puise ses origines dans les ancêtres de Robert le Fort (825-866), issus des **comtes** de Wormsgau et d'Oberrheingau. Elle règne de manière directe jusqu'à la mort de Charles IV le Bel en 1328, puis de manière indirecte à travers d'autres branches jusqu'en 1848.

Les Capétiens œuvrent à l'unification territoriale et à l'accroissement du domaine royal. À l'origine, le domaine royal ne dépasse pas le territoire de l'Île-de-France mais au XIVe siècle, à la mort de Charles IV, ce domaine s'est considérablement agrandi et correspond presque aux contours de la France contemporaine, à l'exception de la Flandre, de la Bretagne et de la Bourgogne. Les Anglais mettront ces acquis territoriaux en péril sous la dynastie des Valois.

Le premier succès des Capétiens réside dans le règlement de l'épineuse question des successions. Il leur a d'abord fallu contourner la pratique de l'élection du souverain (monarchie élective) pour asseoir la légitimité dynastique de la famille. En même temps, la mise en place des **lois de primogéniture* et de masculinité*** a permis au trône de perdurer sans connaître les morcellements territoriaux des époques mérovingienne et carolingienne.

Leurs plus grands adversaires sont les **seigneurs féodaux***, contre lesquels ils mènent une lutte sans relâche, tentant tour à tour de s'attacher leur fidélité et de réduire leur puissance.

Ce mouvement de contrôle des **Grands*** du royaume trouvera son aboutissement bien plus tard, sous le règne de Louis XIV, avec la mise en place du système des **courtisans*** à la cour de Versailles.

À la mort de Charles IV, sans héritier, la couronne passe à la branche des Valois.

Hugues Capet (vers 941-996)

Dates de règne : 987-996
Épouse : Adélaïde d'Aquitaine
(945-1004)

À la mort de son père Hugues le Grand, Hugues Capet devient duc des Francs. Abbé laïc du monastère de Saint-Martin de Tours, Capet doit probablement son surnom au manteau de saint Martin qui y était conservé. La famille des **Robertiens*** avait jadis été promise aux plus hautes charges de l'État, mais avait dû s'effacer devant les derniers Carolingiens. Louis V meurt sans héritier. D'aucuns voudraient lui voir succéder Charles, frère du roi Lothaire, mais il passe pour un traître après avoir pactisé avec les Germains. Un autre parti avec à sa tête Adalbéron soutient Hugues qui est élu roi de France à Senlis. Cette élection remet en cause le principe héréditaire.

À l'époque, le **domaine royal*** de Hugues se limite à une partie de l'Île-de-France. Son pouvoir est limité. Il doit lutter contre Charles, proclamé roi par ses partisans.

Hugues remporte finalement la lutte, et fait emprisonner Charles en 991. Il meurt à Orléans un an plus tard. Le coup de génie de Hugues réside dans le sacre de son fils Robert, associé au trône de son vivant. Sans le savoir, ceux qui avaient cru amoindrir le pouvoir royal en plaçant sur le trône d'une monarchie élective un souverain réputé faible avaient légitimé le fondateur d'une dynastie qui allait tenir les rênes de la royauté pendant plus de neuf siècles. Hugues épouse Adélaïde d'Aquitaine, la fille du **comte*** de Poitiers, en 970. Au regard de l'histoire, le règne de Hugues revêt surtout une importance symbolique. Il ne dure que neuf années et s'achève par la maladie du roi, qui disparaît sans gloire.

Robert II le Pieux (vers 972-1031)

Dates de règne : 996-1031
Épouse : Suzanne ou Rosala de
Provence (950-1003), Berthe de
Bourgogne (964-1024), Constance
d'Arles (984-1032)

Robert II connaît de nombreux conflits
avec la papauté en raison de ses mésaventures conjugales. Il épouse Rosala de
Provence en 988 avant de la répudier
l'année suivante. En 996, son mariage
avec Berthe de Bourgogne suscite la colère du pape Grégoire V
qui annule l'union en raison des liens de parenté des époux et de
la bigamie du souverain. Robert II refuse d'abord la décision du
pape puis est contraint de s'y conformer. Rosala étant entrée dans
les ordres, il choisit Constance d'Arles pour troisième femme.
Mais les époux ne s'entendent pas, et Robert II se rend à Rome
dans l'espoir de faire annuler son mariage. Le pape refuse.
Constance est une reine autoritaire qui lui donne quatre fils :
Hugues, Henri, Robert et Eudes. Robert II associe son fils aîné
Hugues au trône, mais est en conflit avec lui jusqu'à la mort de
ce dernier, en 1025. Constance exige ensuite que la couronne
aille à Robert, le cadet. Mais Robert II ne cède pas, et fait couronner Henri, l'héritier légitime. Robert II impose la **règle de
primogéniture*** qui va perdurer tout au long de l'histoire de
France. Les dernières années du règne voient l'opposition des fils
survivants qui se rebellent contre leur père, sous l'influence de
leur mère Constance.

Le règne de Robert II est également marqué par la lutte contre
les **féodaux***. Il réussit à rattacher le **duché*** de Bourgogne et les
comtés* de Dreux, de Melun et de Paris à la couronne. Mais
respectueux de la coutume, il prévoit le partage du royaume
après sa mort.

Henri Ier (1008-1060)

Dates de règne : 1031-1060
Épouses : Mathilde (1027-1044), Anne de Kiev (1024-1075)

Henri avait été associé au trône par son père dès 1027, mais cet acte symbolique ne suffit pas à imposer sa légitimité face à son frère cadet Robert. Poussé par sa mère, la reine Constance, et par certains **féodaux***, Robert tente de s'arroger la couronne. Henri remporte la bataille, mais il est contraint de céder la Bourgogne et perd le Vexin français.

Il semble qu'il n'ait pas été un grand souverain et qu'une grande part de sa légitimité tient à son **onction sacrée***. À l'image de ses prédécesseurs, Henri Ier lutte sans répit contre les féodaux. Son adversaire le plus célèbre n'est autre que Guillaume le Bâtard, duc de Normandie, contre lequel il perd deux batailles importantes (Mortemer et Varaville).

La **trêve de Dieu***, visant à réduire les méfaits des guerres féodales, est instaurée sous son règne. Henri Ier a épousé Mathilde, la nièce de l'empereur d'Allemagne. La reine meurt en 1044 sans lui avoir donné d'enfants. Le roi se remarie avec Anne de Kiev, la fille du grand-duc de Russie, Iaroslav Ier. L'union manifeste pour la première fois la volonté de la jeune dynastie capétienne de s'imposer par-delà les frontières de son royaume. Anne donne à Henri Ier un fils, Philippe. En 1059, le roi l'associe au trône alors qu'il n'est encore qu'un enfant. La cérémonie est fastueuse et frappe les esprits de l'époque. Lorsque Henri Ier décède en 1060, le nouveau roi n'a que sept ans. Pour la première fois dans l'histoire de la dynastie se pose la question de la **régence***.

Philippe Ier (1052-1108)

Dates de règne : 1060-1108
Épouses : Berthe de Hollande
(1055-1094), Bertrade de Montfort
(1070-1118)

Philippe Ier n'a que huit ans quand son père meurt. Une régence est instituée, associant sa mère Anne de Kiev et son oncle Baudouin V.

Philippe Ier agrandit le domaine royal mais il échoue dans son alliance avec Robert Courteheuse contre son père Guillaume le duc de Normandie, devenu roi d'Angleterre. À l'image de son aïeul Robert II, les mésaventures sentimentales ont davantage influencé la renommée du roi que ses faits d'armes. Il répudie sa première femme après vingt ans de mariage. Il s'est épris de Bertrade de Montfort, la femme de Foulques d'Anjou, et l'enlève, ce qui provoque un immense scandale. Le pape Urbain II l'excommunie pour bigamie en 1095, mais Philippe ne plie pas. Le pape jette alors l'**interdit*** sur le royaume, en 1100. Le roi cède cinq ans plus tard : Bertrade cesse de vivre avec le roi, même si elle continue à être traitée en reine.

La conduite de Philippe Ier l'empêche de participer à la première **croisade***, menée de 1096 à 1099. Contrairement aux grands seigneurs, la couronne ne souffre pas de difficultés financières suite aux croisades. Sur le plan de la politique intérieure, le souverain se préoccupe de l'administration du domaine royal qu'il étend de manière significative. Il s'oppose aussi aux seigneurs féodaux et réussit à limiter leurs appétits. Deux ans avant sa mort, il prend soin d'associer son fils Louis au trône. Par le seul principe de la succession héréditaire, à l'issue de ces premiers règnes capétiens, la légitimité de la dynastie semble bien assurée.

Louis VI le Gros (1081-1137)

Dates de règne : 1108-1137
Épouses : Lucienne de Rochefort,
Adélaïde de Savoie (1100-1154)

Durant sa jeunesse, le fils unique de la
reine Berthe est en butte à l'hostilité de la
nouvelle épouse de son père Philippe Ier,
Bertrade, qui cherche à le déshériter.
Philippe Ier s'oppose à la manœuvre, et
tient éloigné son héritier. Pendant ces
années, le jeune Louis fait l'apprentis-
sage du métier des armes et de la politique.

Confronté à l'arrogance des féodaux dès son accession au
trône en 1108, il mène contre eux une lutte sans merci. Dans son
combat, il associe l'Église en la personne de Suger, abbé de Saint-
Denis. Louis VI n'hésite pas à s'immiscer dans les affaires de fiefs
comme l'Auvergne, le Bourbonnais ou la Flandre. Le souverain
participe au mouvement d'émancipation des communes. Très
religieux, il s'emploie à associer le trône et l'Église. Réuni à son
initiative, le concile de Vienne proclame la primauté du spirituel
sur le temporel. Il accueille les papes Pascal II, Calixte II et Innocent II et donne à la France son surnom de « fille aînée de
l'Église ». Son union avec Lucienne de Rochefort ayant été annu-
lée en 1107 par le pape Pascal II, il épouse ensuite Adélaïde de
Savoie. Il a associé son fils aîné au trône dès 1129, mais celui-ci
décède deux ans plus tard. Il fait couronner son deuxième fils,
Louis, qu'il marie en 1137 à Aliénor d'Aquitaine. À sa mort, le
domaine royal s'étend jusqu'aux Pyrénées, et le visage de la
France est profondément modifié. Premier grand roi capétien,
Louis VI a œuvré tant sur le plan militaire que politique et religieux.

Louis VII le Jeune (1120-1180)

Dates de règne : 1137-1180
Épouse : Aliénor d'Aquitaine
(1122-1204), Constance de Castille
(1136-1160), Adèle de Champagne
(1140-1206)

Son mariage avec Aliénor d'Aquitaine étend le domaine royal à tout le sud-ouest de la France actuelle. Dès le début de son règne, Louis VII multiplie les erreurs diplomatiques. Entré en conflit contre la papauté et **Thibaut IV de Champagne***, il est excommunié et finit par se soumettre. Il décide alors de participer à la deuxième **croisade*** en Terre sainte. Il confie la **régence*** du royaume à son ministre Suger et embarque avec son épouse Aliénor. L'entreprise tourne au fiasco. Suger exerce la **régence** pendant toute la durée de l'expédition. Un conflit opposant le roi et la reine s'envenime, mais Suger dissuade le monarque d'annuler le mariage. À la mort du ministre, Louis VII passe outre ses conseils. Aliénor se remarie deux mois plus tard, en 1152, avec Henri II Plantagenêt, comte d'Anjou, duc de Normandie et surtout futur roi d'Angleterre. Cet épisode marque le début de la longue lutte qui opposera les Capétiens et les **Plantagenêts***. Le roi de France appuie les adversaires du roi d'Angleterre, sans succès.

Louis VII est fidèle à l'œuvre entreprise par son père sur le plan administratif. Il poursuit l'affirmation du pouvoir royal sur les provinces et légifère. Il soutient le **mouvement communal*** et favorise l'émancipation des **serfs***. Aliénor ne lui avait donné que deux filles, et sa deuxième union avec Constance de Castille ne lui garantira pas davantage d'héritier. Il lui faudra attendre son mariage avec Adèle de Champagne pour offrir un unique héritier au royaume, le futur Philippe Auguste.

Philippe II Auguste (1165-1223)

Dates de règne : 1180-1223
Épouses : Isabelle de Hainaut
(1170-1190), Ingeburge de Danemark
(1175-1236), Agnès de Méranie
(1172-1201)

Surnommé Auguste car né au mois d'août, Philippe II est un homme taillé pour sa charge, tant sur le plan physique que moral. Il reprend la lutte contre les seigneurs féodaux, mais cette fois avec succès. Par le **traité de Boves*** (1185), il prend possession de l'**Artois***, du **Vermandois*** et d'Amiens. Il soutient **Richard Cœur de Lion*** contre Henri II d'Angleterre, et s'embarque avec lui pour la troisième **croisade*** en 1190. Richard est redevable à Philippe de l'avoir soutenu contre son père Henri II, mais tout sépare les deux hommes. Richard est un roi raffiné, alors que Philippe Auguste ne dissimule pas son caractère rude. Philippe Auguste revient seul en France et profite de l'enlèvement de Richard par l'empereur germanique pour envahir la Normandie. Cette première tentative échoue et il lui faudra attendre le règne de **Jean sans Terre***, le nouveau roi d'Angleterre, pour prendre effectivement possession de la terre normande. La Touraine, l'Anjou, le **Maine***, le Poitou, le **Vermandois***, le **Valois*** rejoignent successivement l'escarcelle royale. Avide de revanche, Jean sans Terre fonde une coalition qui associe les comtes de Flandre, de Boulogne, de Hollande, les ducs de Lorraine, de Brabant, de Limbourg et l'empereur germanique Otton de Brunswick. Philippe Auguste remporte la bataille de Bouvines en 1214, une victoire qui le fait entrer dans l'histoire. Il tente de poursuivre le combat en Angleterre, mais sans succès.

La croisade contre les **cathares*** (ou albigeois) constitue une excellente occasion pour étendre la zone d'influence royale au sud de la France. C'est également sous le règne de Philippe Auguste que sont menées les troisième, quatrième et cinquième croisades. Le roi a considérablement étendu son domaine et contrôle davantage le territoire. Il dénie aux **féodaux*** le droit de le représenter, et choisit des hommes plus efficaces, le plus souvent d'origine relativement modeste. Il crée les **baillis***, supprime la charge de **sénéchal***, remplace le **chancelier*** par un **garde** des sceaux*. Philippe Auguste fait de Paris la capitale du royaume et fonde la première forteresse du Louvre. Les rues sont pavées, l'université est instituée et il confie aux **templiers*** la gestion du Trésor royal.

Une fois encore, la vie sentimentale du souverain sera prétexte à une longue lutte contre la papauté. Quand survient le décès d'Isabelle de Hainaut (qui lui a donné son fils Louis), il prend pour nouvelle épouse Ingeburge, fille du roi de Danemark, qu'il répudie rapidement pour convoler avec Agnès de Méranie. L'infortunée Ingeburge est jetée dans un couvent avant d'être enfermée dans diverses prisons. Le pape Innocent III condamne cette union et jette l'**interdit*** sur le royaume en 1199. Selon le souverain pontife, il n'est pas seulement question d'adultère dans cette affaire, mais aussi de bigamie. Philippe II est contraint de reprendre Ingeburge comme légitime épouse, mais il la maintient emprisonnée. Il faudra attendre la mort d'Agnès pour que le roi rappelle Ingeburge auprès de lui en 1212. Les rapports entre les époux resteront toutefois protocolaires et distants.

À sa mort, Philippe Auguste a fait de la dynastie capétienne la plus prestigieuse d'Occident.

Louis VIII le Lion (1187-1226)

Dates de règne : 1223-1226
Épouse : Blanche de Castille

Le fils aîné de Philippe II participe du vivant de son père à la lutte contre les Anglais. Un temps, il caresse même le rêve de monter sur le trône d'Angleterre en renversant **Jean sans Terre***, un souverain assez unanimement honni dans son royaume.

En 1200, Louis a épousé Blanche, fille du roi de Castille et petite-fille d'Aliénor d'Aquitaine. Elle lui donne onze enfants, dont elle s'occupe avec dévouement. La reine joue au mécène en favorisant les troubadours et la littérature courtoise. Dès son arrivée en France, elle prend goût au pouvoir et n'hésite pas à étendre son influence auprès de son époux. Le long règne de Philippe Auguste permet au jeune couple de se préparer à la tâche qui l'attend.

Devenu roi, Louis VIII reprend la **croisade*** contre les **cathares*** et réussit à soumettre le Languedoc (1226). Il guerroie contre Jean sans Terre et enlève le Poitou ainsi qu'une partie de la **Saintonge***. Ses succès militaires et son tempérament fougueux lui valent le surnom de Lion.

Accablé par la dysenterie, il meurt prématurément. Son règne a été parmi les plus courts, mais il lui a laissé le temps de constituer des **apanages*** pour ses fils : l'**Artois*** à Robert, le Poitou à Alphonse et l'Anjou et le **Maine*** à Jean et puis à Charles. Sa mort inopinée ouvre la voie à une nouvelle **régence***, celle de Blanche de Castille.

Louis IX (Saint Louis) (1214-1270)

Dates de règne : 1226-1270
Épouse : Marguerite de Provence
(1221-1295)

Louis IX monte sur le trône à l'âge de douze ans. Il paraît donc légitime que la régence soit assurée par sa mère, Blanche de Castille. La reine lutte contre une coalition de grands **vassaux*** menée par le comte de Bretagne, qu'elle finit par vaincre en 1235. En ce début de XIIIᵉ siècle, les appétits des **féodaux*** ne sont pas encore éteints. Louis lutte également contre les **seigneurs***, dont certains sont activement soutenus par le roi d'Angleterre Henri III. De son côté, Blanche met un terme à la guerre contre les albigeois et marie son fils Alphonse à l'héritière du comté de Toulouse en 1241.

Malgré la proclamation de sa majorité, Louis IX laisse à sa mère le soin de gérer les affaires du royaume. Il guerroie avec succès contre le roi d'Angleterre mais, contrairement à ses prédécesseurs, le roi est soucieux d'établir une paix durable. En 1259, il signe le **traité de Paris*** qui entérine des concessions territoriales réciproques. La Normandie, la Touraine, le **Maine***, l'Anjou et le Poitou vont à la France qui, en contrepartie, rend à l'Angleterre le Limousin, le Périgord, le Quercy, la **Saintonge*** et l'**Agenois***, mais conserve l'hommage lige de l'Anglais. En 1234, Louis IX a épousé Marguerite, la fille du comte de Provence. Après la mort de Blanche de Castille, Marguerite aura une grande influence sur son époux.

Le règne de Louis IX est marqué par une volonté de justice et de progrès dans l'exercice de son pouvoir. Un **parlement*** est institué et une réforme monétaire engagée. Il fonde des hôpitaux et contrôle les **commis*** du pouvoir royal. Les guerres privées sont interdites et de nombreuses ordonnances sont publiées afin de protéger le peuple du pouvoir des féodaux. Il fait ériger la Sainte-Chapelle de Paris pour y conserver un fragment de la croix du Christ.

Rapidement, le prestige culturel et moral français dépasse les frontières. Dans la tradition populaire s'ancre l'image d'un roi juste et attentif, rendant la justice sous son chêne. Une image qui en dit long sur les préoccupations du souverain en matière d'équité. Animé par sa foi profonde, Louis IX avait fait la promesse, suite à une terrible maladie, de s'engager dans les **croisades***. Il participe aux deux dernières, la sixième et la septième. Au cours de la sixième, il passe six ans hors des frontières du royaume mais il essuie de sérieuses défaites, allant jusqu'à être fait prisonnier en Égypte. Ensuite, il reste à Saint-Jean-d'Acre pour fortifier les positions chrétiennes. Il rentre en France à la mort de sa mère, qui a combattu la **révolte des pastoureaux*** en 1251. Beaucoup de ses proches ont tenté de l'en dissuader, mais Louis IX est déterminé à entreprendre une autre croisade. Il veut pousser le sultan de Tunis à se retourner contre celui d'Égypte. En 1270, le roi s'éteint des suites d'une crise de dysenterie contractée devant les murs de Tunis avant d'avoir pu concrétiser son projet. Vingt-sept ans plus tard, il est canonisé par le pape Boniface VIII. Son épouse, Marguerite de Provence, lui a donné onze enfants, dont un fils Louis qui meurt avant son père. Son frère Philippe est donc appelé sur le trône en 1270.

Philippe III le Hardi (1245-1285)

Dates de règne : 1270-1285
Épouses : Isabelle d'Aragon
(1243-1271), Marie de Brabant
(1254-1321)

À la mort de son père Louis IX, Philippe est proclamé roi à Tunis, lors de la **croisade***. Au cours du voyage de retour en France, la reine Isabelle d'Aragon décède après lui avoir donné quatre fils. Le nouveau souverain rattache à la couronne le Poitou, l'Auvergne, le **Saintonge***, l'**Albigeois*** et le **comté*** de Toulouse suite à la mort de son oncle Alphonse de Poitou. Il hérite également de son frère Pierre le comté d'Alençon et le **Perche***. En revanche, il lui faut céder au pape le Comtat Venaissin à l'exception de l'Avignon. La même année, il épouse Marie de Brabant. La reine est accusée d'avoir fait empoisonner le fils aîné du premier mariage. Son frère envoie un **chevalier*** qui défend l'honneur de la reine, les armes à la main. Marie est innocentée et exerce dès lors une grande influence politique sur son époux.

Marchant sur les traces de son père, Philippe III poursuit la politique de paix avec le roi Édouard Ier d'Angleterre. En 1282, le roi d'**Aragon***, Pierre III, chasse les Français de Sicile au cours des Vêpres siciliennes. Le pape excommunie Pierre III, et le trône revient à Charles de Valois, le fils du roi de France Philippe III. À cette occasion, le titre de roi d'Aragon est octroyé à Philippe III, qui décide d'organiser une expédition pour prendre possession de sa couronne. Toutefois, le projet tourne court. Après la prise de la ville de Gérone, la flotte est décimée à Las Formigas. C'est à Perpignan, où le roi fait retraite avec son armée, qu'il est emporté par une épidémie.

Philippe IV le Bel (1268-1314)

Dates de règne : 1285-1314
Épouse : Jeanne de
Navarre-Champagne (1270-1304)

Grâce à son mariage avec Jeanne de Navarre-Champagne, il est le premier roi de France à porter le titre de roi de Navarre. Il met fin à la guerre d'Aragon par le **traité de Tarascon*** en 1291, et s'entoure des meilleurs légistes pour gouverner les affaires intérieures. Il réunit à plusieurs reprises les **trois ordres*** pour entériner ses décisions. Il renforce les institutions et agrandit le domaine royal. La guerre avec Édouard Ier, le roi d'Angleterre, s'est déplacée vers le nord. En 1305, la paix d'Athis lui garantit l'annexion de la Flandre.

Il confie à des officiers la gestion du Trésor royal, jusque-là assurée par les **templiers***. Mais cette réforme ne suffit pas à renflouer les caisses de l'État, et il cherche à créer de nouveaux impôts. Néanmoins, face à l'impopularité de ces mesures, il s'en prend aux usuriers traditionnels que sont les **Lombards*** et les Juifs, menant une politique de persécutions et de confiscations. Celle-ci rencontre un large agrément dans la population, puisque les débiteurs se voient *de facto* débarrassés de leurs usuriers. Le cours de la monnaie subit des **dévaluations*** qui pousseront certains à traiter le roi de faux-monnayeur.

Toujours en quête d'argent, le roi ne cache plus sa volonté de lever des taxes exceptionnelles sur le clergé. Sa décision entraîne un conflit ouvert avec la papauté. Boniface VIII prend le parti de l'évêque Bernard Saisset (il traite le roi de faux-monnayeur), poussant le roi à se venger. Le pape est fait prisonnier en 1303, et meurt peu de temps après. L'éphémère Benoît XI lui succède et, après lui, l'élection d'un pape français – jugé plus docile – est favorisée. Clément V, l'ancien **archevêque*** de Bordeaux, est **intronisé***, mais le nouveau souverain pontife préfère s'installer en Avignon, aux frontières du royaume.

En 1307, Philippe fait démanteler l'ordre des templiers. Il ne s'agit d'abord que de confisquer les biens de l'ordre mais, par la suite, ses membres sont arrêtés et accusés d'hérésie. En 1312, le pape prononce la dissolution de l'ordre. Le procès-fleuve dure sept ans, et la plupart des membres de l'ordre sont envoyés en prison ou conduits sur le bûcher.

Les dernières années du règne de Philippe IV sont marquées par l'**affaire de ses brus*** : Marguerite de Bourgogne, Jeanne de Bourgogne et Blanche de Bourgogne. Toutes trois sont accusées d'adultère et contraintes de comparaître devant un tribunal en 1314. Marguerite et Blanche sont enfermées à Château-Gaillard. Blanche doit accepter l'annulation de son mariage et finit ses jours à l'abbaye de Maubuisson. Marguerite périt étranglée en 1315, probablement sur ordre de son époux. Quant à la troisième, Jeanne, elle est finalement acquittée et se retire à la tour de Nesle, en face du Louvre. Philippe IV meurt en 1314 des suites d'un accident de chasse. Il n'a que quarante-six ans, mais son long règne contrasté laisse une empreinte profonde dans l'histoire. Peu de souverains ont légué pareil héritage, marqué à la fois d'avancées et d'obscurantisme, de violence et de sagesse.

Louis X le Hutin (1289-1316)

Dates de règne : 1314-1316
Épouses : Marguerite de Bourgogne (1290-1315), Clémence d'Anjou et de Hongrie (1293-1328)

Quand Louis X devient roi en 1314, sa position est déjà affaiblie par le scandale qui éclabousse son épouse Marguerite de Bourgogne. Il la répudie en 1314 avant de la faire enfermer. Elle ne lui a donné qu'une fille. Il épouse ensuite Clémence de Hongrie. Pendant son court règne (un an et demi), Louis X doit faire face à la révolte des **féodaux***, qui profitent de la mort de Philippe IV pour tenter de reconquérir le pouvoir perdu. La situation économique du royaume n'est guère brillante, et les petits **seigneurs*** se rebellent contre le pouvoir des agents royaux. Charles de Valois, l'oncle de Louis X, prend la tête de cette lutte.

Le procès d'Enguerrand de Marigny, ancien surintendant aux finances de Philippe le Bel accusé de manipulations monétaires, secoue le pays. Enguerrand est jugé et pendu. C'est la première d'une longue série d'exécutions d'anciens conseillers de Philippe le Bel. Une terrible famine sévit dans le nord du pays. Quand Louis X décède, la reine Clémence est enceinte et, pour la première fois depuis Hugues Capet, se pose la question de sa succession. En attendant la délivrance de la reine, c'est Philippe, le frère du roi, qui assure la **régence***.

Jean Ier le Posthume (1316)

Date de règne : 1316

L'unique enfant de Louis X et de la reine Clémence ne vécut que cinq jours. Le court « règne » de Jean Ier eut cependant une forte influence sur le mécanisme de la succession à la couronne qui excluait définitivement les filles.

Dès la mort de Louis X, son frère Philippe s'est arrogé le titre de régent en manifestant son intention de succéder à son frère si sa belle-sœur mettait au monde une fille. En agissant de la sorte, Philippe entérine la **loi de masculinité*** du trône.

Philippe V le Long (1294-1322)

Dates de règne : 1316-1322
Épouse : Jeanne de Bourgogne
(1292-1329)

Quand il monte sur le trône, Philippe V doit faire face à de nombreux adversaires, notamment ceux qui le suspectent de ne pas être étranger à la mort de Jean Ier, et ceux qui défendent les droits héréditaires de Jeanne, la fille de Louis X. Mais Jeanne passe pour être une fille adultérine. En 1317, Philippe V fait déclarer par les **états généraux*** l'incapacité des femmes à monter sur le trône. Afin de ménager les partisans de Jeanne, celle-ci est généreusement dotée et mariée à Philippe d'Évreux. La question de la succession semble dès lors résolue, mais le nouveau roi doit encore affronter les ambitions des grands **vassaux***. Sur le plan institutionnel, il se révèle être un excellent monarque. Il publie nombre d'**ordonnances***. En 1317, il crée des **milices*** non nobles.

Malgré ces avancées, le royaume est en butte à une terrible famine et à des difficultés financières chroniques. Une nouvelle fois, les persécutions contre les Juifs et les **Lombards*** se succèdent. C'est une manière pour le monarque de renflouer les caisses. Philippe V a épousé Jeanne de Bourgogne, qui lui a apporté la Franche-Comté. La reine a également été compromise dans l'**affaire des brus***. Plus fortunée que ses belles-sœurs, elle est acquittée et réussit à reconquérir le cœur de son époux. Mais à la mort du roi, elle finit ses jours, recluse, dans la tour de Nesle. Par une ironie de l'histoire, la loi de masculinité qu'il avait tenu à instituer de son vivant empêche Philippe V de céder la couronne à ses héritières. C'est donc au dernier fils vivant de Philippe le Bel que revient le trône.

Charles IV le Bel (1294-1328)

Dates de règne : 1322-1328
Épouses : Blanche de Bourgogne
(1296-1326), Marie de Luxembourg
(1305-1324), Jeanne d'Évreux
(1310-1371)

Troisième fils de Philippe le Bel et de
Jeanne de Navarre, il est sacré à Reims
en 1322. Il poursuit l'œuvre d'organisation de l'État. Il doit également faire face
à des problèmes financiers qui le pous-
sent à trouver des solutions expéditives pour remplir les caisses.
Il lève des impôts, confisque des biens et va jusqu'à détourner
les **dîmes*** prélevées pour l'organisation des **croisades***. Sur le
plan territorial, il doit affronter une révolte de la Flandre qui
aboutit à la signature de la **paix d'Arques*** en 1326. La lutte
reprend également avec l'Angleterre, conduisant Charles IV à
prononcer la confiscation de la **Guyenne***. À la mort du roi d'Angleterre Édouard II, une partie des terres acquises par Charles IV
est rendue au nouveau monarque anglais.

Sa première épouse, Blanche de Bourgogne, est compromise
dans l'**affaire des brus*** et contrainte de prendre le voile à l'abbaye de Maubuisson. Sa deuxième épouse, Marie de Luxembourg, ne sera reine que deux ans, le temps d'enfanter un fils
mort-né et de mourir en couches. Il épouse enfin Jeanne d'Évreux
en 1325. Elle donne trois filles à Charles IV dont la troisième,
Blanche, naît après la mort de son père, ruinant le dernier espoir
de la reine d'avoir un héritier.

Charles IV est le dernier des Capétiens directs à régner en
France, plus de trois siècles après l'établissement de la dynastie.

LES VALOIS – LES VALOIS-ORLÉANS – LES VALOIS-ANGOULÊME

Philippe VI (1293-1350)

|

Jean II le Bon (1319-1364)

|

Charles V le Sage (1338-1380)

|

Charles VI le Fol (1368-1422)

|

Charles VII le Victorieux (1403-1461)

|

Louis XI (1423-1483)

|

Charles VIII l'Affable (1470-1498)

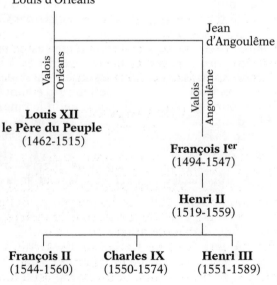

Les Valois

Sept Valois règnent de 1328 à 1589 au cours d'une période très mouvementée. La couronne doit affronter de graves crises : détention de Jean II, folie de Charles VI, **guerre de Cent Ans***. La formidable aventure de **Jeanne d'Arc*** sonne le début de la restauration des frontières du royaume et de l'autorité de Charles VII. Les règnes de Charles VII et de Louis XI voient le retour de l'autorité monarchique.

Avec Charles VIII, le dernier souverain Valois, la dynastie marque la transition en France du Moyen Âge vers la Renaissance.

Les Valois-Orléans
1 souverain

Née de Louis, duc d'Orléans et frère de Charles VI le Fol, la nouvelle dynastie ne donne qu'un seul roi à la France. Fait unique, Anne de Bretagne sera deux fois reine en épousant successivement deux rois appartenant à deux dynasties différentes. Louis XII meurt sans donner d'héritier mâle à la couronne.

Les Valois-Angoulême
5 souverains

La première période de cette dynastie se distingue par l'intensité de son rayonnement culturel. François Ier devient le monarque le plus emblématique de la Renaissance. La seconde période sera marquée par les guerres de Religion, qui se muent en guerre civile. Jamais depuis la **guerre de Cent Ans*** l'autorité royale n'a été autant contestée.

Trois fils d'Henri II et de Catherine de Médicis vont se succéder sur le trône, sans donner d'héritier mâle. Ils ouvriront la voie aux Bourbons, une nouvelle dynastie fondée par Henri IV.

Philippe VI de Valois (1293-1350)

Dates de règne : 1328-1350
Épouses : Catherine de Courtenay (1274-1307), Jeanne de Bourgogne (1293-1349), Blanche de Navarre (1330-1398)

À la mort de Charles IV, Philippe, fils de Charles de Valois, le frère de Philippe le Bel, devient d'abord régent, puis roi. Il écarte les candidatures de Philippe d'Évreux et d'Édouard III d'Angleterre et impose la nouvelle dynastie. Il aime le faste et les finances royales s'en ressentent très vite.

Il affronte une révolte des Flamands qu'il défait à Cassel en 1328. Fidèles au roi d'Angleterre, les Flamands ont donné à Philippe VI le surnom infamant de « roi trouvé ».

La **guerre de Cent Ans*** débute sous son règne. Le roi d'Angleterre avait d'abord accepté de rendre hommage à Philippe VI en sa qualité de vassal dans ses fiefs français. Néanmoins, les ambitions du roi de France sur la **Guyenne*** et la Flandre rompent ce fragile équilibre. En 1337, Philippe prononce la saisie de la Guyenne. De son côté, Édouard III revendique le trône de France et s'allie à la Flandre et à la Bretagne. Les opérations militaires tournent à l'avantage des Anglais. Mal commandée, la flotte française est battue à l'Écluse en 1340 puis l'armée écrasée à Crécy en 1346. Calais tombe dans les mains des Anglais en 1347. En 1348, la trêve n'est due qu'à la grande peste qui décime les populations et sape les fondements du royaume.

Philippe avait épousé en 1313 Jeanne de Bourgogne, qui succombe à la maladie. Le prince Jean se fiance à Blanche d'Évreux, fille du roi de Navarre. Philippe tombe amoureux de la jeune fille qu'il enlève à son fils pour l'épouser malgré leur grande différence d'âge (elle a trente-sept ans de moins que lui).

Jean II le Bon (1319-1364)

Dates de règne : 1350-1364
Épouses : Bonne de Luxembourg
(1315-1349), Jeanne de Boulogne
(1320-1361)

Malgré les difficultés financières, Jean II se montre très dépensier. Les états provinciaux lui reprochent sa prodigalité et votent la **Grande Ordonnance*** de 1357 qui limite les prérogatives royales et impose un contrôle sur son administration. Issu d'une riche famille de drapiers, Étienne Marcel mène cette fronde et se rend maître des rues de Paris en 1358. Jean II ne brille pas par sa clairvoyance politique. En 1356, il est fait prisonnier par les Anglais à Poitiers. C'est le début d'une longue série de négociations qui achèvera de le déconsidérer. Il signe un traité en 1359 qui le libère mais engage de lourds sacrifices. Les états de Paris refusent et la rançon doit faire l'objet d'une nouvelle négociation. En 1360 est signé le **traité de Brétigny*** qui stipule que le roi peut rentrer en France contre le paiement d'une rançon de trois millions d'écus d'or et la cession d'un tiers de la France à Édouard III. En outre, il doit laisser en otages à Londres ses deux fils et son frère. Revenu à Paris, il reprend sa vie de fêtes.

En 1361, le duc de Bourgogne meurt sans héritier. Jean II réunit le duché au domaine royal et le donne en **apanage*** à son fils Philippe le Hardi. Un des otages, son fils Louis d'Anjou, s'enfuit, et la rançon n'est que partiellement payée. Conformément aux lois de la **chevalerie***, le roi estime devoir payer sa dette et retourner à Londres en otage jusqu'au versement de la rançon. Il y est reçu avec faste, et y meurt en 1364.

Charles V le Sage (1338-1380)

Dates de règne : 1364-1380
Épouse : Jeanne de Bourbon
(1338-1377)

L'histoire garde de Charles V l'image d'un roi bon et savant, sans doute grâce au contraste flatteur avec les règnes de son prédécesseur et de son successeur, tous deux désastreux. Il se voit contraint d'exercer la **régence*** à l'âge de dix-huit ans dans des conditions déplorables. Le pays est ruiné et subit les pillages des troupes de **mercenaires***, et le roi est prisonnier des Anglais. Par ailleurs, il est confronté à la révolte des états de Paris, aux **jacqueries*** des paysans et il doit lutter contre le roi de Navarre Charles le Mauvais. Jean II meurt en captivité, prisonnier des Anglais, et Charles V lui succède.

Rapidement, Charles dévoile ses grandes qualités d'organisateur. Il limite les exactions des **Grandes Compagnies*** et lève de nouveaux impôts pour renflouer les caisses de l'État. Il a l'intelligence de préférer des représentants de la petite noblesse aux **grands féodaux***, qu'il juge peu dignes de confiance. Il s'appuie notamment sur le **connétable*** Bertrand du Guesclin, grâce auquel il viendra à bout des ambitions de Charles le Mauvais. Charles V est un intellectuel et son action dans le domaine des arts et de la culture voit rayonner la France dans tout l'Occident. Il enrichit considérablement la bibliothèque royale et fait construire le Louvre, la nouvelle enceinte de remparts de Paris, la Bastille et la Sainte-Chapelle de Vincennes. Il poursuit aussi l'œuvre d'unification du domaine royal et acquiert les **comtés*** d'Auxerre et de Ponthieu et les **duchés*** de Valois et d'Orléans. S'il ne remporte pas de grandes victoires, il mène une guerre d'usure qui profite aux Français à tel point qu'en 1375, les Anglais ne possèdent plus en France que la **Guyenne*** et Calais. Le couronnement du nouveau roi d'Angleterre Richard II rouvre cependant les hostilités.

La politique étrangère de Charles V se révèle moins pertinente. Il favorise l'émergence d'une Bourgogne forte en arrangeant le mariage de la fille du comte de Flandre avec son frère Philippe le Hardi, duc de Bourgogne. Mais il empêche de la sorte un mariage entre l'héritière et le roi d'Angleterre.

La mort de son épouse lui porte un coup terrible. Il ne lui survit pas très longtemps et passe les derniers mois de son règne allongé dans une litière. Charles V finit par s'éteindre à quarante-trois ans dans de terribles souffrances.

Charles VI le Fol (1368-1422)

Dates de règne : 1380-1422
Épouse : Isabeau de Bavière
(1371-1435)

Charles VI est roi à douze ans et malgré la volonté de Charles V, la régence est confiée à ses oncles (les ducs de Bourgogne, de Berry, de Bourbon et d'Anjou). Marié à Isabeau de Bavière, il décide en 1388 de régner seul. Dès 1392, le monarque révèle ses premiers signes de démence. Isabeau se console dans d'autres bras. Pendant les périodes de rémission, elle retrouve le chemin du lit conjugal et met au monde plusieurs enfants. Mais son comportement fait scandale et certains doutent de la légitimité de ses enfants. Les oncles de Charles VI tentent de profiter de la situation. Après l'assassinat du duc d'Orléans par les hommes du duc de Bourgogne, deux factions s'opposent : les Armagnacs, partisans du duc Charles duc d'Orléans, et les Bourguignons, partisans de **Jean sans Peur***, duc de Bourgogne. De son côté, la reine Isabeau s'allie également au duc de Bourgogne. Les Anglais reprennent l'offensive pour s'imposer en France. Le roi Henri IV se range du côté des Armagnacs et débarque en France. Son successeur, Henri V, réclame la couronne et remporte la bataille d'Azincourt. Les **chevaliers*** du **dauphin*** assassinent Jean sans Peur mais Isabeau intervient pour que les pouvoirs du duc défunt soient transmis à son héritier. En 1420, le roi d'Angleterre conclut une alliance avec le parti bourguignon. Le **traité de Troyes*** déshérite le dauphin et reconnaît le roi d'Angleterre comme héritier de Charles VI. Henri V épouse Catherine, la fille de Charles VI, et n'attend plus que de prendre possession de son trône. Surviennent alors les décès du roi d'Angleterre Henri V et de Charles VI qui meurt fou à l'hôpital Saint-Paul.

Charles VII le Victorieux
(1403-1461)

Dates de règne : 1422-1461
Épouse : Marie d'Anjou (1404-1463)

Couronné à Poitiers en 1422, Charles VII n'est reconnu roi de France que par les Armagnacs dans un royaume de France contesté par les Anglais, et il semble d'abord incapable de reconquérir son trône. Mais en 1429, il reçoit à Chinon une jeune fille de dix-sept ans : Jeanne, qui se dit appelée par des voix d'origine céleste. Troublé, il accepte de lui confier une armée, qui délivre la même année la ville d'Orléans. S'ensuit une marche victorieuse jusqu'à Reims, où Jeanne fait sacrer le roi. En 1430, au siège de Compiègne, Jeanne est faite prisonnière par les Bourguignons qui la livrent aux Anglais. Elle est reconnue relapse par l'Église et brûlée vive à Rouen. Charles VII ne tente rien pour sauver celle qui lui a permis de recouvrer son trône. Il faudra attendre 1457 pour que le roi ouvre un procès en réhabilitation. En 1437, il fait son entrée à Paris après avoir mis fin à l'alliance anglo-bourguignonne, puis reconquiert la Normandie et la Guyenne.

Charles VII supprime les armées seigneuriales et impose l'existence des seules armées royales permanentes, décision qui entraîne le mécontentement des **féodaux*** appuyés par le **dauphin*** Louis.

Il impose également son pouvoir face au pape en signant la **Pragmatique Sanction de Bourges*** qui restreint l'autorité papale sur les **évêques*** français.

La fin du règne annonce par bien des aspects l'absolutisme du pouvoir royal en France. Face à la couronne, il ne reste plus qu'un **grand féodal***, le duc de Bourgogne. Charles VII achève ainsi son règne en ayant conforté l'autorité royale.

Louis XI (1423-1483)

Dates de règne : 1461-1483
Épouses : Marguerite d'Écosse
(1425-1445), Charlotte de Savoie
(1445-1483)

Louis n'attend pas la mort de son père
pour prétendre au trône. Il fait partie du
camp des ennemis de Charles VII lors
de la **Praguerie*** de 1440. Il est par-
donné néanmoins et obtient le gouvernement du Dauphiné. En 1455, il se
rebelle une nouvelle fois mais doit fuir face à l'armée. En 1461,
il est sacré à Reims. Rapidement, il est confronté aux **grands
féodaux***. La ligue du Bien public réunit contre le roi ses plus
grands ennemis avec, en première ligne, son frère Charles de
Berry. Mais Louis XI les soumet tous progressivement.

Louis XI parvient à rattacher à la couronne, parmi ses possessions, la Bourgogne et la Picardie. Le reste de l'héritage bourguignon passe sous contrôle autrichien.

Il gouverne la France d'une main de fer, avec l'aide de ses
conseillers Olivier Le Daim et Philippe de Commynes, des hommes dévoués et brillants qu'il préfère aux grands féodaux. Il
contrôle les institutions politiques et administratives, et va jusqu'à faire peser son influence sur le gouvernement de l'Église. Il
se montre implacable face à ses adversaires. Les exécutions des
comtes* d'Armagnac et du **connétable*** de Saint-Paul en témoi-
gnent. La tradition nous a laissé l'image d'un roi sadique enfer-
mant ses ennemis dans des cages de fer. Les historiens modernes
ont préféré voir en lui un remarquable organisateur. Il œuvre au
centralisme de l'État et renfloue les caisses du Trésor. Il organise
des relais de poste et favorise le commerce en créant des foires.
Il sécurise le royaume en rendant la circulation des biens beaucoup plus sûre. À sa mort, il a porté la France royale à son apogée.

Charles VIII l'Affable (1470-1498)

Dates de règne : 1483-1498
Épouses : Marguerite d'Autriche
(1480-1530), Anne de Bretagne
(1477-1514)

Il n'a que treize ans lorsqu'il succède
à son père. Conformément au vœu de
Louis XI, la régence est confiée à sa
sœur, Anne de Beaujeu. L'union du roi
avec Marguerite d'Autriche est un échec
et le mariage est annulé en 1493. Charles
épouse alors la fille du duc de Bretagne,
mariage qui permet de rattacher ce **duché*** à la couronne. Devenue reine de France, Anne de Bretagne se heurte à l'hostilité
d'Anne de Beaujeu et reproche à son époux les contraintes qu'il
fait peser sur sa Bretagne natale. Charles VIII signe des traités
de paix avec les rois d'Angleterre et l'empereur germanique, qui
lui ouvrent la voie vers l'Italie. Il veut faire valoir ses droits sup-
posés sur la couronne de Naples, conformément à l'héritage de
la maison d'Anjou. L'aventure italienne commence bien. La
Savoie est conquise sans livrer bataille. En Italie, les soldats français sont accueillis en libérateurs et le roi prend possession de
son palais napolitain. Mais la situation s'inverse bientôt. Les
Français sont perçus comme des envahisseurs et les souverains
étrangers projettent d'attaquer la France laissée sans défense.
Charles VIII est contraint de battre en retraite. Si l'opération se
révèle désastreuse sur le plan militaire et politique, elle ouvre de
nouvelles perspectives en faisant découvrir les trésors de l'Anti-
quité et de la Renaissance. Charles VIII projette une nouvelle
expédition italienne mais il n'a pas le temps de la mener à son
terme. En 1498, il décède à l'âge de vingt-huit ans, sans héritier
direct.

Louis XII le Père du Peuple
(1462-1515)

Dates de règne : 1498-1515
Épouses : Jeanne de France
(1464-1505), Anne de Bretagne
(1477-1514), Marie d'Angleterre
(1497-1534)

En sa qualité de premier prince de sang, Louis monte sur le trône en 1498. Il a été élevé par Louis XI qui l'avait contraint d'épouser sa fille, la douce mais contrefaite princesse Jeanne. Le pape annule le mariage pour non-consommation et l'infortunée Jeanne se retire à Bourges. Louis XII épouse alors Anne de Bretagne, permettant ainsi au **duché*** de demeurer dans le domaine royal. En 1498, le roi réunit les duchés de Valois et d'Orléans au domaine. Confirmant les prétentions de Charles VIII son cousin, Louis monte la seconde campagne d'Italie. Après avoir conquis le Milanais, il devient maître d'une grande partie de la péninsule. Il mène la troisième campagne d'Italie. En revanche, la quatrième campagne tourne à son désavantage. En 1506, il est chassé de Naples par Ferdinand d'Aragon avec lequel il partageait la couronne, et le Milanais lui échappe six ans plus tard. En 1513, la défaite de Novare sonne le glas de ses ambitions italiennes. Néanmoins, le contact répété avec l'Italie accroît l'influence de la Renaissance en France. Louis XII administre avec intelligence son domaine et profite de la pacification du royaume, les guerres ayant été « exportées » hors des frontières. Il utilise les recettes des impôts pour le bien du pays en entretenant le réseau routier. Le roi jouit d'une grande popularité qui pousse les **états généraux*** à lui décerner le titre de « Père du Peuple ». Jamais encore un monarque n'a été aussi populaire. En troisièmes noces, le roi épouse Marie d'Angleterre, la fille d'Henri VII.

François Ier (1494-1547)

Dates de règne : 1515-1547
Épouse : Claude de France
(1499-1524), Éléonore d'Autriche
(1498-1558)

Fils de Charles d'Angoulême et de Louise de Savoie, il succède à Louis XII qui était à la fois son cousin et son beau-père. À sa naissance, rien ne le prédisposait à la couronne. Charles VIII était un jeune marié et son héritier présomptif était le duc d'Orléans, futur Louis XII. Les deux rois étant morts sans héritier, François monte sur le trône sans que sa légitimité soit contestée. Il est l'époux comblé de Claude de France, la fille de Louis XII et d'Anne de Bretagne. Au début de son règne, il reprend les expéditions militaires en Italie. Entre 1515 et 1545, il n'y mène pas moins de cinq campagnes. En 1515, il remporte la **victoire de Marignan***. Comme il craint les ambitions impériales de **Charles Quint***, François Ier cherche à se rapprocher d'Henri VIII, le roi d'Angleterre. Cette rencontre – l'entrevue du Camp du Drap d'Or – marque les esprits mais ne recueille pas les résultats escomptés. Henri VIII préfère se rapprocher de Charles Quint.

En 1525, le roi de France est défait à Pavie et retenu prisonnier à Madrid. Pour retrouver la liberté, il est contraint de signer un traité catastrophique. Non seulement il lui faut abandonner la Bourgogne et Tournai à l'Espagne, mais il renonce à ses prétentions sur le Milanais, perd la suzeraineté sur la Flandre et l'**Artois*** et doit laisser ses deux fils en otages. Meurtri, François Ier n'hésite pas à s'allier aux Turcs pour attaquer Charles Quint. Mais il faudra tout le poids de la **ligue de Cognac*** en 1526 pour contraindre l'Espagne à rendre à la France la Bourgogne, Boulogne, les principales villes de la Somme. Les princes sont libérés contre rançon et François Ier renonce à ses droits sur Naples et Milan. À l'issue de son règne, le comté d'Angoulême, les duchés de Bourbonnais, d'Alençon, les comtés de Clermont, d'Auvergne, de Forez, de Beaujolais, de la **Marche***, du Perche, d'Armagnac, du Rouergue et le Dauphiné d'Auvergne sont rattachés à la couronne.

François Ier s'affirme comme un mécène, ami des arts et des artistes. Sous son impulsion émergent des talents comme le poète Ronsard ou le sculpteur Cellini. Il encourage Léonard de Vinci et favorise l'œuvre des humanistes tel Budé. Son intérêt pour la lecture est tel qu'il demande aux imprimeurs de lui remettre un exemplaire de chaque nouvel ouvrage publié. Son initiative sera à l'origine du dépôt légal. Parallèlement, il exige par l'**édit de Villers-Cotterêts*** que les actes officiels soient désormais rédigés en français et non plus en latin. Des merveilles architecturales telles que Chambord, Blois, Fontainebleau ou Saint-Germain-en-Laye naissent ou renaissent sous son impulsion. La peinture bénéficie aussi de ses penchants de collectionneur. Des toiles aussi célèbres que *La Joconde* de Léonard de Vinci ou *La Sainte Famille* de Raphaël entrent ainsi dans l'histoire. En 1530, il fonde un collège qui deviendra plus tard le Collège de France et où sont enseignées des matières qui n'ont pas toujours droit de cité à la Sorbonne. François Ier encourage l'humanisme, mais il est aussi le principal artisan de l'**absolutisme*** royal.

En secondes noces, François Ier épouse Éléonore d'Autriche, qui ne lui donne pas de descendance.

Henri II (1519-1559)

Dates de règne : 1547-1559
Épouse : Catherine de Médicis
(1519-1589)

Second fils de François Ier, il succède à son père après avoir épousé en 1533 Catherine de Médicis, fille unique de Laurent II de Médicis.

Henri II manque d'intelligence politique et ne trouve de plaisir que dans les exercices physiques. Son attachement sincère pour sa femme ne l'empêche pas de vivre une relation passionnée avec Diane de Poitiers.

La lutte contre la **Réforme*** déjà engagée se poursuit. Il crée les Chambres ardentes, des tribunaux d'exception qui persécutent les protestants.

À l'exemple de son père, Henri II mène une lutte sans pitié contre **Charles Quint*** qui abdique en 1556 en cédant à son fils Philippe l'Espagne, la Flandre, les Pays-Bas et la Franche-Comté. L'année suivante, Henri II reprend la lutte contre Philippe II qui a épousé Marie Tudor, la fille du roi d'Angleterre. La cour d'Henri II est marquée par l'influence italienne, et c'est tout naturellement que le souverain reprend à son compte les prétentions de ses aïeux. Il mène les dixième et onzième campagnes d'Italie qui débouchent sur le **traité de Cateau-Cambrésis***. Le traité marque la fin des guerres d'Italie et tombe à point nommé pour les deux souverains catholiques dont la priorité est devenue la lutte contre le protestantisme. Le souverain doit faire face à une situation financière préoccupante. À l'occasion des mariages de sa fille Élisabeth et de sa sœur Marguerite, Henri II décide de donner des fêtes fastueuses à Paris. Il est blessé à mort au cours d'une joute.

François II (1544-1560)

Dates de règne : 1559-1560
Épouse : Marie Stuart (1542-1587)

Le nouveau roi de France, sacré en 1559 à Reims, est d'une santé fragile. Sa faiblesse physique et son jeune âge le contraignent à confier le gouvernement à sa mère Catherine, qui s'empresse de renvoyer Montmorency, le connétable et conseiller d'Henri II. Dès lors, les affaires militaires passent entre les mains du duc François de Guise et les affaires civiles sont confiées à Charles de Guise, cardinal de Lorraine. L'affrontement avec les protestants devient toujours plus aigu. Ceux-ci projettent d'enlever le souverain et envoient cinq cents cavaliers attaquer le château d'Amboise. Cette opération – la conjuration d'Amboise – échoue, et les conjurés sont exécutés sans pitié. On dénombre plus de mille exécutions. Le pays s'enfonce dans la guerre civile tandis que les partis de Guise et des Bourbons s'affrontent. Décision est prise de réunir les **états généraux***.

François II connaît une union heureuse avec Marie Stuart, qui règne sur son cœur à défaut d'exercer un véritable rôle politique. La jeune fille avait bénéficié de l'éducation de Diane de Poitiers, sous le regard attentif de Catherine de Médicis. Le couple n'aura pas d'enfants. Le roi est doté d'une santé précaire qui lui inflige de terribles migraines. Rapidement, les douleurs deviennent insupportables et ses médecins se déclarent impuissants face au mal qui le ronge. Alors que les nuages s'amoncellent dans le ciel de France, le jeune François II disparaît à l'âge de seize ans, sans enfants.

Charles IX (1550-1574)

Dates de règne : 1560-1574
Épouse : Élisabeth d'Autriche
(1554-1592)

Monté sur le trône à l'âge de dix ans, le gouvernement est placé entre les mains de sa mère, Catherine de Médicis. Les **états généraux*** sont réunis et Catherine tente d'apaiser les querelles religieuses, sans succès.

En 1562, le massacre des **huguenots*** à Wassy, en Champagne, par les troupes du duc de Guise est à l'origine de la première guerre de Religion. L'**édit de pacification d'Amboise*** entend accorder la liberté de culte mais ce geste d'apaisement n'empêche pas les conflits. En 1567, les protestants tentent de s'emparer du roi et les hostilités sont rouvertes. Le **chancelier*** Michel de l'Hospital œuvre à la réorganisation de l'État. En 1568, son renvoi entraîne une nouvelle guerre. En 1570, l'**édit de Saint-Germain-en-Laye*** accorde aux protestants des villes où ils seront en sécurité. Le traité prévoit aussi le mariage de la sœur du roi, Marguerite, avec Henri, roi de Navarre. La même année est célébré le mariage du roi avec Élisabeth d'Autriche.

La reine Catherine voit d'un mauvais œil la montrée en puissance de l'**amiral*** Gaspard de Coligny. Catherine cherche par tous les moyens à écarter son rival et pousse son fils à se débarrasser de tous les protestants de la capitale. L'épuration religieuse connaît son paroxysme avec le terrible **massacre de la Saint-Barthélemy***. La folie meurtrière se propage en province. En 1573, l'**édit de Boulogne*** met fin à la quatrième guerre de Religion. Charles IX est rongé par le remords. À vingt-quatre ans, c'est un monarque prématurément vieilli qui succombe à la tuberculose.

Henri III (1551-1589)

Dates de règne : 1574-1589
Épouse : Louise de Lorraine
(1553-1601)

Il avait été duc d'Anjou avant de devenir roi de Pologne. C'est sans regret qu'il abandonne Varsovie pour regagner Paris et prendre possession du trône. Le royaume dont il hérite est en proie aux guerres de Religion. Henri III est sous la coupe de sa mère et subit l'influence de ses **mignons***. Il apprécie les fastes de la vie de cour, édicte de strictes règles de protocole, mais témoigne en même temps d'un courage certain au combat.

La reine ne lui donne pas d'enfants et la mort de François, duc d'Alençon, fait du protestant Henri de Navarre l'héritier présumé. Face à semblable éventualité se constitue une nouvelle **Ligue catholique***, alliée au roi Philippe II d'Espagne. L'influence grandissante du camp catholique pousse le roi à revenir sur les avantages concédés aux protestants, tandis que s'engage la **guerre des Trois Henri***. Henri de Navarre a remporté la **victoire de Coutras*** en défaisant le duc de Joyeuse. De son côté, Henri de Guise fait une entrée triomphale à Paris.

Le roi fuit la capitale et réunit les **états généraux*** à Blois. Devenu lieutenant général du royaume, Henri de Guise apparaît comme son premier rival. Henri III se résout à le faire assassiner. Dès lors, Henri III n'a plus d'autre choix que de s'allier à Henri de Navarre. Les deux Henri entament le siège de Paris et la partie paraît gagnée pour Henri III. Quelques jours plus tard, un moine fanatique répondant au nom de Jacques Clément est reçu dans le cabinet de toilette du roi. Il le frappe d'un coup de couteau meurtrier.

LES BOURBONS-ORLÉANS

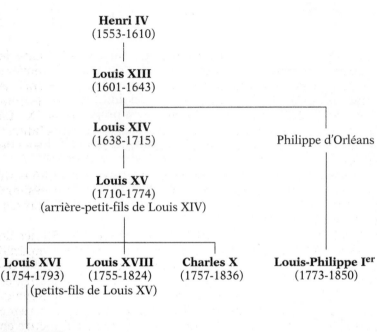

Henri IV
(1553-1610)

Louis XIII
(1601-1643)

Louis XIV　　　　　　　　　　Philippe d'Orléans
(1638-1715)

Louis XV
(1710-1774)
(arrière-petit-fils de Louis XIV)

Louis XVI　　**Louis XVIII**　　**Charles X**　　**Louis-Philippe Ier**
(1754-1793)　　(1755-1824)　　(1757-1836)　　(1773-1850)
(petits-fils de Louis XV)

Louis XVII
(1785-1795)

Les Bourbons

La dynastie des Bourbons accède au pouvoir dans le contexte très troublé des guerres de Religion. Pour la première fois, un prince protestant est appelé sur le trône. Henri de Navarre est le fils d'Antoine de Bourbon, lui-même descendant de Robert, comte de Clermont, fils de Louis IX. La Navarre se trouve donc rattachée à la France et la **titulature*** désigne désormais le monarque comme « roi de France et de Navarre ».

La lutte contre les **huguenots*** demeure une priorité pour des rois comme Louis XIII et Louis XIV, ce dernier n'hésitant pas à supprimer les droits précédemment cédés aux protestants par Henri IV.

Les **Bourbons*** et la branche Orléans règnent en France de 1589 à 1848, hormis l'intermède révolutionnaire et impérial de 1792 à 1814. Les monarques vont concrétiser l'idéal d'**absolutisme*** déjà mis en place par leurs prédécesseurs. Isolés à Versailles avec leur cour, ils ne verront pas venir la Révolution. Ce fut notamment le cas de Louis XV, sous le règne duquel de nombreux intellectuels allèrent jusqu'à remettre en cause les principes de monarchie de droit divin. Malgré sa bonne volonté, Louis XVI fut à la fois trop laxiste et trop inflexible pour faire face au déferlement des idées nouvelles.

L'expansion territoriale étant, dans les grandes lignes, achevée, la puissance de la France s'impose à travers une politique coloniale, moins cohérente cependant que celle menée par les Anglais.

La branche française des Bourbons s'éteint avec la mort du comte de Chambord en 1883. La dynastie se maintient au pouvoir ailleurs, notamment en Espagne où elle sera instituée par Louis XIV à travers son petit-fils Philippe V, et demeure en place jusqu'à aujourd'hui.

Henri IV le Grand (1553-1610)

Dates de règne : 1589-1610
Épouses : Marguerite de Valois
(1553-1615), Marie de Médicis
(1573-1642)

Le fils d'Antoine de Navarre et de Jeanne d'Albret doit batailler ferme pour conquérir son trône. Philippe II d'Espagne tente de faire valoir les droits de sa fille Isabelle mais la **loi salique*** empêche une telle prétention. Les savants de la Sorbonne statuent et affirment que Henri de Navarre est le plus légitime des héritiers de Hugues Capet.

Cela ne suffit pas à calmer l'ire de la **Ligue*** qui refuse de voir un souverain protestant monter sur le trône de France. Henri accepte de se convertir au catholicisme en 1593 et se fait **sacrer*** à Chartres un an plus tard. La guerre contre l'Espagne engagée en 1595 est l'autre acte fondateur du règne d'Henri IV.

En 1598, il promulgue l'**édit de Nantes*** qui confirme le catholicisme dans son statut de religion d'État mais qui accorde certaines libertés aux protestants. On dénombre à l'époque plus d'un million de **huguenots*** en France et il leur est concédé une centaine de places où leur sécurité sera garantie. Les huguenots ont accès aux charges et possèdent leurs écoles. Les pasteurs sont à charge de l'État. Après une longue période de troubles, Henri IV doit restaurer l'autorité royale et la prospérité économique. Il lutte contre les **féodaux*** et confie au **duc*** de Sully le soin de réorganiser l'État. Nul mieux que ce dernier ne pouvait sortir la France du marasme. Les finances sont restaurées et son génie de la planification contraste avec la politique d'expédients menée jusqu'alors.

Il encourage l'agriculture et protège les paysans contre les exactions. Il engage une vaste politique de gestion des richesses forestières et stimule les industries nouvelles : soieries, verrerie, tissus... Dans tous les domaines, il cherche à augmenter les exportations et à réduire les importations. Les moyens de communication figurent également au centre de son programme, notamment par l'accroissement du réseau des canaux. C'est aussi l'époque où reprennent les constructions. De nombreux châteaux seront édifiés sous son règne.

Sur le plan matrimonial, sa première épouse Margot, sœur d'Henri III, était suspectée d'avoir comploté avec les catholiques. Henri IV lui reproche aussi ses infidélités et réussit à faire annuler son mariage en raison d'une trop proche parenté. Sa deuxième épouse sera Marie de Médicis, la fille du **grand-duc*** de Toscane et de l'**archiduchesse*** d'Autriche. Dès son arrivée en France, elle suscite l'hostilité par sa propension à s'entourer d'un entourage florentin. Henri IV ne prend pas la peine de dissimuler ses aventures. Cela ne l'empêche pas de lui faire de nombreux enfants, dont le **dauphin*** Louis qui naît en 1601. Le 13 mai 1610, Marie est **sacrée***. Le 14 mai, Henri IV meurt, assassiné dans le quartier du Marais par Jean-François Ravaillac. Le **régicide** sera supplicié treize jours plus tard.

Louis XIII le Juste (1601-1643)

Dates de règne : 1610-1643
Épouse : Anne d'Autriche (1601-1666)

Le jeune Louis XIII monte sur le trône à l'âge de dix ans. Il assiste à la prise de pouvoir par sa mère qui brise le conseil de **régence*** institué par Henri IV. Pour gouverner, Marie de Médicis s'appuie sur Concino Concini et son épouse, l'ambitieuse Leonora Galigaï. Malgré les récriminations des Grands du royaume, ces deux conseillers peu scrupuleux exercent une influence considérable sur la reine qui les couvre d'honneurs et de richesses. Le ressentiment de la population croît au point de menacer l'équilibre de l'État. C'est en 1617 que Louis XIII s'empare du pouvoir effectif en faisant assassiner l'Italien dans la cour du Louvre. Marie de Médicis est à Blois et elle fuit le royaume en 1619.

Louis XIII n'exerce cependant pas le pouvoir de manière solitaire. Dans un premier temps, il le confie à son favori le duc de Luynes. Ensuite, il fait preuve de beaucoup plus de discernement en déléguant les rênes de la monarchie à Armand Jean du Plessis, **cardinal*** de Richelieu. Devenu **Premier ministre***, il fait plier tous ceux qui contestent l'autorité royale incarnée par le monarque mais exercée par lui-même. Il s'en prend aux protestants en faisant démanteler les places fortes qui se trouvent au sein même des frontières du royaume de France. Le siège de La Rochelle restera comme le plus meurtrier (plus de quinze mille morts) mais prouvera à tous l'inflexibilité du cardinal. Par ailleurs, le Premier ministre favorise la centralisation et appuie la constitution d'un véritable empire colonial. C'est sous le règne de

Louis XIII que naît l'« autre France », celle d'Afrique, des Antilles et du Canada.

Quelques grands noms, comme Cinq-Mars, paient de leur vie leur opposition au cardinal. Richelieu voit son autorité sérieusement contestée lors de la journée des Dupes (le 10 novembre 1630) : les Grands du royaume, soutenus par la reine mère, exigent sa chute. Cependant, la conspiration échoue et le prestige du cardinal en sort renforcé. Homme prévoyant, Richelieu a préparé sa succession et il prend soin de recommander au roi la personne de Mazarin pour mener les affaires. Le cardinal italien, remarquablement doué pour le commerce, marche sur les traces de son successeur avec la confiance de Louis XIII.

Un des mystères du règne demeure la longue stérilité de la reine Anne d'Autriche (fille de Philippe III d'Espagne, qui avait épousé Louis en 1615 alors qu'elle n'avait que quatorze ans). La reine ne réussit à lui donner un premier enfant qu'en 1638. Un deuxième fils naîtra deux ans plus tard.

Le cardinal de Richelieu meurt en 1642, suivi quelques mois plus tard par Louis XIII qui venait de restreindre les pouvoirs de la future régente, Anne d'Autriche, le défunt roi s'étant toujours défié de son épouse.

Louis XIV le Grand (1638-1715)

Dates de règne : 1643-1715
Épouse : Marie-Thérèse de Habsbourg-Espagne (1638-1683), Mme de Maintenon (1635-1719)

C'est dans un contexte troublé qu'un petit garçon de quatre ans et huit mois monte sur le trône. La noblesse compte profiter du jeune âge du monarque pour prendre une parcelle du pouvoir perdu et se débarrasser du cardinal Mazarin. En 1649, des barricades se dressent dans les rues de Paris et la famille royale, flanquée de Mazarin, est contrainte de se réfugier à Saint-Germain. Toute sa vie, Louis XIV conservera le traumatisme de cette fuite humiliante. Les troubles durent quatre ans, jusqu'au moment où le maréchal de Turenne vient à bout des rebelles. Mazarin négocie le mariage du jeune roi avec l'infante d'Espagne et Habsbourg, Marie-Thérèse.

Louis XIV laisse Mazarin gouverner jusqu'à sa mort en 1661, puis entame son règne personnel. Contrairement à son père, il ne veut à aucun prix céder ses prérogatives. À l'instar de certains de ses ancêtres, il s'entoure de conseillers compétents qui n'appartiennent pas à la haute noblesse. Il peut ainsi s'assurer de leur loyauté sinon limiter leurs appétits. Il accorde sa confiance à Colbert, un fils de drapier, qui montre de grands talents d'administrateur. La flotte est réorganisée et les ports modernisés.

Louis XIV réorganise l'État dans le seul but de servir la **monarchie absolue***. Il considère n'avoir de comptes à rendre qu'à Dieu.

Le programme politique du roi passe aussi par la mise en œuvre d'un important programme architectural. Il fait d'un ancien pavillon de chasse le plus somptueux des palais. Mais Versailles n'est pas seulement l'écrin de la monarchie absolue, le château représente aussi le meilleur moyen de museler les Grands du royaume qui sont cantonnés à leur rôle de **courtisans***. Louis XIV théâtralise le pouvoir et favorise les arts tant qu'ils servent la couronne. Des artistes tels que Molière, Racine, Mansart, Le Nôtre, Le Brun concourent à la grandeur de la France.

Il mène une répression contre les **huguenots*** et la révocation de l'**édit de Nantes*** jette hors des frontières du royaume plus de trois cent mille protestants. Ces mesures se révèlent désastreuses sur le plan économique.

La grandeur monarchique telle que Louis XIV se la figure passe aussi par la guerre. Le règne est marqué par la guerre franco-anglo-espagnole, la guerre de Dévolution, la guerre de Hollande, la guerre de la **Ligue*** d'Augsbourg et la guerre de Succession d'Espagne qui porte sur le trône Philippe V, premier roi espagnol **bourbon***.

Colbert meurt en 1683 en laissant une œuvre considérable. L'économie est en développement mais le coût des guerres a porté atteinte à la santé financière du pays. Alors que le roi s'était distingué par son appétit des femmes dans la première partie de son règne en collectionnant les favorites, son comportement change à mesure qu'il se rapproche de Françoise d'Aubigné, la femme qui avait reçu la charge d'élever les enfants royaux de l'ambitieuse favorite Mme de Montespan. Mme de Maintenon préfère exercer son influence en demeurant dans l'ombre. Elle cherche dans la religion le salut du roi qu'elle épouse secrètement. Le roi meurt en 1715 de la gangrène, mettant un terme au plus long règne de l'histoire de France.

Louis XV le Bien-Aimé
(1710-1774)

Dates de règne : 1715-1774
Épouse : Marie Leszczińska
(1703-1768)

Petit roi de cinq ans, Louis XV (arrière-petit-fils de Louis XIV) commence son règne avec la **régence*** de son oncle Philippe d'Orléans. Après la chape de plomb qui pèse sur Versailles au cours des dernières années de Louis XIV, le changement d'ambiance est radical à la cour qui découvre les délices du libertinage. En même temps, l'Espagne de Philippe V estime avoir été spoliée d'une régence légitime. Le monarque ibérique finit par renoncer à ses droits sur la couronne en 1721. La France subit en même temps la terrible faillite du système de John Law, le financier écossais qui avait eu la confiance du régent Philippe d'Orléans. Néanmoins, sous son impulsion, l'économie connaît une certaine reprise, notamment grâce à une politique de grands travaux.

À la mort de Philippe, en 1723, et malgré la majorité du roi, la régence passe au duc de Bourbon, Louis-Henri de Condé. En 1726, Louis XV reprend l'initiative et le pouvoir passe entre les mains de son ancien précepteur, le cardinal Fleury. La période correspond à une embellie pour le royaume qui voit son économie se redresser. Louis XV se range du côté de son beau-père, **Stanislas Leszcziński***, dans la guerre de Succession de Pologne, mais ce dernier doit se retirer en Lorraine, une région qui deviendra française à sa mort. Louis XV est reconnaissant à Marie Leczinska de lui donner dix enfants. En 1743, le vieux cardinal Fleury s'éteint à l'âge de quatre-vingt-dix ans et Louis XV annonce qu'il régnera désormais seul. À cette époque, le souverain jouit d'une grande popularité. Sa beauté et sa sagesse sont louées à tel point que le surnom de Bien-Aimé lui est octroyé.

Les conflits continuent à perturber le fragile équilibre européen : la **guerre de Succession d'Autriche***, et surtout la **guerre de Sept Ans*** à l'issue de laquelle la France perd sa flotte, une partie de ses colonies et voit ses finances ravagées. Hélas, Louis XV ne comprend pas l'importance d'un empire colonial pour se mesurer à la puissance anglaise. Le duc de Choiseul apparaît comme l'homme providentiel. Il œuvre au redressement de la marine et des finances et favorise l'alliance franco-autrichienne à travers le mariage du **dauphin*** Louis et de Marie-Antoinette, la fille de Marie-Thérèse. Mais Choiseul tombe en disgrâce et Louis XV voit croître son impopularité. Le royaume est las des guerres incessantes et on ne lui pardonne pas ses maîtresses. La Pompadour et la Du Barry sont soupçonnées de gouverner le roi. C'est pendant la liaison du roi avec la comtesse du Barry que meurt la reine Marie. Par ailleurs, Louis XV a repris à son compte la politique de son aïeul en régnant à Versailles. En quelques décennies, la couronne s'est coupée des réalités du pays comme jamais dans toute l'histoire du royaume. L'époque est propice à l'évolution des mentalités. Les salons littéraires se développent et les scientifiques préparent le triomphe de l'esprit rationnel. Pourtant annonciateur de promesses, le long règne de Louis XV n'a fait que creuser un fossé qui deviendra fatal à la monarchie. Quand il trépasse en 1774, on enterre Louis XV dans la plus grande discrétion, de peur de susciter des troubles.

Louis XVI (1754-1793)

Dates de règne : 1774-1792
Épouse : Marie-Antoinette d'Autriche
(1755-1793)

Il a vingt ans quand il monte sur le trône et est contraint de prendre les rênes du pouvoir sans y être préparé. Il commence par mettre fin à la disgrâce de Choiseul et renvoie les ministres impopulaires de son grand-père. Il ne choisit pas de Premier ministre mais il s'appuie principalement sur le comte de Maurepas. Après la triste fin de règne de Louis XV, Louis XVI, qui a épousé en 1770 Marie-Antoinette, fille de l'empereur François Ier et de Marie-Thérèse, entame son règne en bénéficiant d'une grande popularité. Il est féru de géographie et encourage une expédition de La Pérouse dans le Pacifique. Certains conseillers le poussent à entamer une politique de réformes mais il se montre hésitant. Il perçoit le malaise du royaume sans parvenir à prendre l'initiative. Le prix du pain et les problèmes de famine provoquent des émeutes. Les hivers sont rigoureux et les **privilèges*** des nobles sont contestés.

À tout cela s'ajoute la guerre d'Indépendance américaine. Louis XVI prend le parti des insurgés contre la couronne d'Angleterre. Le bilan de cette action est mitigé. D'une part, le prestige de la couronne en sort renforcé sur le chapitre de la politique étrangère. D'autre part, la guerre s'est révélée désastreuse pour les caisses de l'État. La France est en conflit avec de nombreuses nations et la patrie est déclarée en danger. On convoque les **états généraux*** pour 1789. Dès lors, les événements s'enchaînent et l'affable Louis XVI, qui ne possède pas la fibre absolutiste de ses aïeux, ne parvient pas à inverser le cours des choses. Se succèdent la création de l'**Assemblée nationale constituante***, la **prise de la Bastille***, l'abolition des privilèges, la Déclaration des droits de l'homme et du citoyen...

Louis XVI hésite, tergiverse. Il écoute sa femme qui se range résolument dans le camp des défenseurs de l'ordre ancien. En 1791, la famille royale tente de fuir le royaume dans l'espoir de le reconquérir de l'extérieur, mais leur fuite est interrompue à Varennes. Désormais, les révolutionnaires soupçonnent le souverain de trahison. Quelques mois plus tard, les biens des **émigrés*** sont confisqués et le château des Tuileries pris par les émeutiers. Louis XVI et les siens sont incarcérés au Temple. À une infime majorité, un vote prononce la condamnation à mort du souverain. Le 21 janvier 1793, il monte sur l'échafaud.

Le principe monarchique ne s'éteint pas pour autant. Témoin, une terrible guerre civile opposant les partisans et les opposants de la monarchie (**guerres de Vendée*** et des **chouans***) qui déchire le pays. Pendant ce temps, les voisins de la France, qui avaient peu soutenu jusque-là la famille royale, craignent une contagion des idées révolutionnaires. Deux guerres de coalition sont menées, mais elles ne font que renforcer le prestige des troupes révolutionnaires. De son côté, Marie-Antoinette, qui focalise la haine des révolutionnaires, est incarcérée à la Conciergerie avant d'être jugée, condamnée à mort et exécutée le 16 octobre 1793. Celle que l'on a surnommée la Veuve Capet et qui fut longtemps une reine insouciante provoque l'admiration de ses ennemis par son comportement exemplaire face à la mort. Prématurément vieillie et souffrant d'avoir été séparée de son fils, la reine avait perdu depuis longtemps le goût de vivre.

Louis XVII (1785-1795)

Dates de règne : n'a pas régné

Unique fils survivant du couple royal formé par Louis XVI et Marie-Antoinette, le jeune **dauphin***, accompagne ses parents au **Temple***. À la mort de son père, il devient pour les royalistes Louis XVII, roi par la grâce de Dieu. Mais la monarchie est abolie et le jeune garçon n'est plus qu'un encombrant otage de la République. Il est placé entre les mains du cordonnier Simon et l'on entreprend de lui inculquer des idées révolutionnaires.

Maltraité, il périt bientôt dans sa geôle sans que l'on sache s'il a succombé de manière naturelle ou s'il a été empoisonné. D'aucuns estiment que le jeune garçon n'est pas mort et qu'il a réussi à s'enfuir. C'est le début de la thèse des « survivalistes », qui fera long feu dès que l'analyse d'ADN prouvera que l'enfant du Temple était bel et bien le jeune Louis XVII.

Louis XVIII (1755-1824)

Dates de règne : 1814-1815 et 1815-1824
Épouse : Louise de Savoie (1753-1810)

Troisième petit-fils de Louis XV, Louis Stanislas comte de Provence s'estime – à raison – plus doué que son frère aîné et cultive l'art du complot. Paradoxalement, c'est la Révolution, qu'il combat sans répit, qui lui offre un destin royal. À la mort de Louis XVII, le comte de Provence devient pour les royalistes le nouveau roi Louis XVIII. Mais dans les faits, Louis Stanislas n'est qu'un prince en exil. Contrairement à son frère qui se fait arrêter à Varennes, il réussit à fuir. Mais à mesure que la République se consolide et que se profile l'ombre de Napoléon, la présence de Louis devient embarrassante, même pour ses anciens alliés. Son exil se transforme en longue errance, et il lui faut gagner à sa cause les souverains européens mais aussi s'imposer comme le chef des **émigrés***. L'entreprise n'est pas aisée, d'autant plus que nombre de faux Louis XVII tentent de faire entendre leur voix.

En 1814, la chute de Napoléon le ramène sur le trône. Les grandes puissances restent méfiantes envers les Bourbons mais, dans l'incertitude, elles préfèrent jouer la carte de la légitimité. De son côté, le peuple de France qui ne compte plus ses morts est en grande partie soulagé de voir arriver la fin de l'aventure guerrière napoléonienne. Morte en 1810, Louise de Savoie ne sera jamais reine de France. Louis XVIII a conscience qu'un retour en arrière pur et simple est impossible. Il octroie une **Charte*** qui préfigure un **régime constitutionnel*** mais il se heurte aux conservateurs, les ultraroyalistes qui ne veulent pas entendre parler de parlementarisme. Même s'il est bref (1814-1815), le premier règne du monarque porte déjà les germes de ce qui causera l'échec de la **Restauration***.

Entre-temps, Napoléon a fui l'île d'Elbe et a repris possession de son trône. Durant les **Cent Jours***, les partisans de Louis XVIII qui s'est réfugié à Gand, se rapprochent davantage des alliés. Son retour « dans les malles de l'étranger » – il a été porté sur le trône par les ennemis de la France – en 1815 n'est guère glorieux, mais très vite Louis XVIII fait montre de sagesse et d'habileté politique. Il confirme la Charte et œuvre à la réconciliation nationale. Paradoxalement, c'est de son propre camp que viennent les coups les plus redoutables. Les **ultras*** le harcèlent et, en 1816, dans la « **Chambre Introuvable*** », ils se livrent à une véritable chasse aux sorcières. Les libéraux leur succèdent et pratiquent une politique d'ouverture qui passe notamment par la libéralisation de la presse.

Le prestige de la France s'affirme hors des frontières et les puissances étrangères confient à la dynastie le soin de rétablir sur leur trône les Bourbons d'Espagne chassés du pouvoir par le colonel Riego. La victorieuse expédition d'Espagne s'affirme comme l'apogée du règne. Louis XVIII est un vieil homme malade. Son intelligence supérieure et son cynisme politique auraient pu faire merveille en ces temps troublés si sa santé avait été meilleure. Mais l'assassinat du duc de Berry en 1820 provoque une montée en puissance des ultras contre lesquels le vieux roi ne peut plus lutter. Il décède à Paris en 1824 tandis que la gangrène lui dévore les jambes. Il sera le dernier roi de France à mourir sur le trône.

Charles X (1757-1836)

Dates de règne : 1824-1830
Épouse : Marie-Thérèse de Savoie

Quand Charles X monte sur le trône en 1824, ses soixante-sept ans ne l'empêchent pas de conserver une belle prestance. Mais le frère cadet de Louis XVIII n'est pas habile politique. Il caresse le rêve de revenir à la royauté d'avant la Révolution et le prouve en organisant un somptueux sacre dans la cathédrale de Reims.

En 1830, le régime connaît un ultime sursaut de gloire avec la **prise d'Alger*** le 5 juillet. Mais ce succès international n'occulte pas les erreurs sur le plan intérieur. La loi du « milliard des **émigrés*** » visant à dédommager aux frais de l'État les nobles spoliés par la Révolution heurte les esprits. En juillet 1830, Charles X signe des **ordonnances*** restrictives qui suppriment la liberté de la presse, révisent la loi électorale au profit des plus nantis et limitent la **Charte***. Charles X a placé à la tête du Conseil le très impopulaire prince Jules de Polignac.

Autant de maladresses vont coûter au roi et à sa dynastie le trône de France enfin reconquis. Après six ans de règne, la révolution éclate en 1830 dans les rues de Paris qui se couvrent de barricades. Ces **Trois Glorieuses*** sont une réussite pour les émeutiers qui s'emparent du Louvre et des Tuileries. Charles s'est réfugié à Rambouillet où il abdique en faveur de son fils le duc d'Angoulême. Mais Louis XIX ne règne pas et renonce à ses droits en faveur de son neveu Henri, surnommé l'« enfant du miracle » (fils du comte de Berry, il était né après l'assassinat de son père en 1820).

Le vent de l'histoire a déjà tourné. Charles X vit dix ans d'exil qui le conduisent de Turin à Bruxelles, de Coblence à Liège et de Hamm à Prague.

LES BOURBONS-ORLÉANS

Henri IV
(1553-1610)

Louis XIII
(1601-1643)

Louis XIV   Philippe d'Orléans
(1638-1715)

Louis XV
(1710-1774)
(arrière-petit-fils de Louis XIV)

Louis XVI **Louis XVIII** **Charles X** **Louis-Philippe Ier**
(1754-1793) (1755-1824) (1757-1836) (1773-1850)
(petits-fils de Louis XV)

Louis XVII
(1785-1795)

Les Orléans

La dynastie qui monte sur le trône en juillet 1830 opère une rupture profonde avec celles qui l'ont précédée. Née d'une révolution populaire, elle représente la troisième et la plus aboutie des tentatives d'instaurer une monarchie parlementaire en France. Depuis longtemps, les Orléans apparaissaient comme la branche maudite de la famille. On leur reprochait notamment leur mode de vie, leur ouverture aux idées libérales et surtout d'avoir voté la mort de Louis XVI.

Injustement décriée, la monarchie de Juillet a pourtant accompagné les évolutions les plus notables de la société française de cette première moitié du XIXe siècle. C'est l'époque où s'annonce la révolution industrielle et où s'affirme le pouvoir économique. La notion de progrès s'ancre durablement dans la hiérarchie des valeurs et le mode de vie bourgeois s'impose comme l'exemple à suivre.

Pour la première fois aussi, la dynastie présente le visage d'une véritable famille royale, unie et solidaire. Louis-Philippe aurait pu réussir là où ses prédécesseurs ont échoué. Cependant, il a manqué de clairvoyance politique à la fin de son règne et s'est révélé trop timoré dans l'élargissement du corps électoral.

Le dernier roi fut chassé par les enfants des émeutiers qui l'avaient porté au pouvoir quelque dix-huit années auparavant.

Louis-Philippe Ier (1773-1850)

Dates de règne : 1830-1848
Épouse : Marie-Amélie de
Bourbon-Siciles (1782-1866)

Le fils aîné du duc d'Orléans – surnommé Philippe Égalité après avoir voté la mort de Louis XVI – partage la mauvaise réputation de son père. Il affiche un temps ses sympathies pour la Révolution. Il passe ensuite du côté des troupes autrichiennes mais refuse de prendre les armes contre la France. Il entreprend alors de nombreux voyages. Il rentre à Paris dès 1814 et entame une cohabitation délicate avec Louis XVIII et Charles X. Suite à la révolution de juillet 1830, il se pose candidat au trône, ce qui représente une rupture dans le principe monarchique. Louis-Philippe Ier (et non Philippe VII, titre qui aurait témoigné d'une continuité avec l'ancien régime monarchique) devient « roi des Français » (et non plus « roi de France ») et adhère au drapeau tricolore. Il gouverne conformément à la **Charte*** rénovée qui reconnaît à la Chambre l'initiative des lois.

Avec sa femme, il cultive l'image d'une famille vivant de manière plus bourgeoise que par le passé.

En 1840, le pouvoir passe entre les mains de **François Guizot*** qui prône une politique immobiliste. La dynastie des Orléans paraît solidement installée. Elle a remporté plusieurs succès diplomatiques. La fille Louise est devenue première reine des Belges et ses rencontres avec Victoria ont scellé l'entente cordiale. Le virage réactionnaire du gouvernement provoque un profond mécontentement à l'origine de barricades dans les rues de Paris. L'émeute tourne rapidement à la révolution et Louis-Philippe prend la fuite en abdiquant en faveur de son petit-fils. Mais à Paris, la deuxième République est déjà en marche. Meurtri, le souverain qui fut pourtant l'un des plus habiles de l'histoire de France a vécu ses dernières années en exil en Angleterre.

Annexes

cg

Cartes

Lexique

Bibliographie

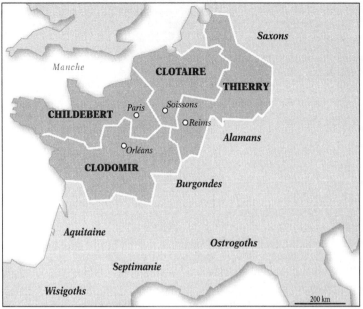

Le partage du royaume de Clovis (511)

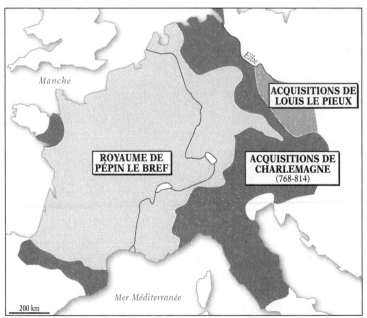

Le partage de l'empire après la mort de Charlemagne (814)

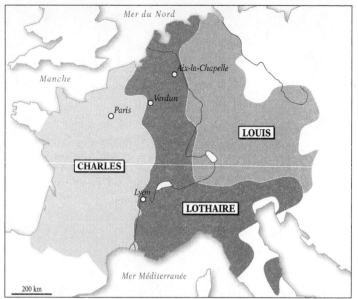

L'empire carolingien après le traité de Verdun (843)

La France sous les Capétiens (987-1322)

84

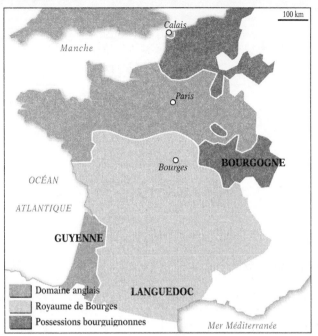

La France de Charles VII (1422-1461)

La France sous François Ier (1515-1547)

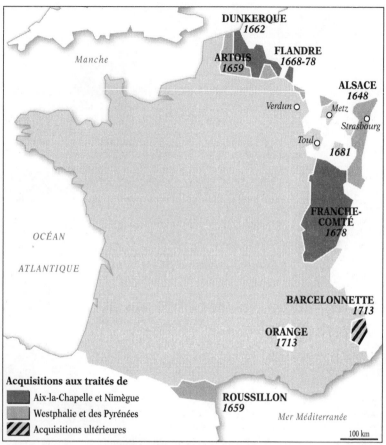

La France de Louis XV (1715-1774)

Lexique

Absolutisme : Système politique selon lequel le roi détient entre ses mains l'intégralité des pouvoirs. L'essence de son pouvoir est divine.

Affaire des brus : Scandale qui toucha les trois belles-filles de Philippe le Bel, accusées d'adultère et donc de corrompre le sang de la lignée royale.

Agenois : Comté du sud-ouest de la France, dont la capitale est Agen, et qui fut rattaché au domaine royal en 1592.

Alamans : Peuple germanique, habitant le duché d'Alémanie qui bordait le Rhin de la Suisse à la Souabe. Vaincus par Clovis à Tolbiac, ils passèrent sous l'autorité des Francs.

Albigeois : Nom donné aux cathares de la région d'Albi, en Aquitaine, et du midi de la France, contre lesquels combattirent les rois de France, essentiellement de 1209 à 1229, réussissant ainsi à s'implanter dans le Sud-Ouest au nom de la croisade.

Amiral : Office apparu sous Saint Louis, dont la fonction est le commandement des forces navales du roi.

Apanage : Seigneurie détachée du domaine royal et donnée à un fils du roi pour assurer son prestige, son revenu et son autorité, mais sur laquelle le roi gardait en théorie un droit de contrôle.

Aragon : Royaume situé au sud-est des Pyrénées, devenu au XIIIe siècle un puissant empire maritime, et réuni à la fin du XVe siècle à la Castille.

Arques : Lieu de la bataille remportée en 1589 par le futur Henri IV sur le duc de Mayenne, chef de la **Ligue*** catholique.

Artois : Province correspondant à l'actuel Pas-de-Calais, et réunie au domaine en 1180, mais qui passa par mariage à la Bourgogne puis à l'Autriche, pour être reconquise en 1640.

Assemblée nationale constituante : Nom que se donnèrent le 9 juillet 1789 les états généraux réunis par Louis XVI, affirmant ainsi représenter la nation en vue d'instaurer une monarchie constitutionnelle.

Austrasie : Royaume mérovingien qui correspondait à l'est de la France actuelle.

Avars : Tribu issue d'Asie Centrale qui lança des raids sur l'Europe du Ve au VIIIe siècle.

Bailli : Représentant du roi dans le cadre d'une circonscription, le bailliage. Détenant des fonctions de juge, de commandement militaire, il est salarié et révocable. Son équivalent au sud de la Loire est le sénéchal.

Bourbons : Dynastie royale, issue d'une branche cadette des Capétiens, ayant régné de Henri IV à Louis XVIII.

Burgondie : Ancien royaume de Bourgogne : indépendant jusqu'à sa conquête par Clovis, il fut ensuite un royaume franc, comme la **Neustrie*** et l'**Austrasie***.

Cathares : Secte répandue dans toute l'Europe entre les xıᵉ et xıııᵉ siècles. Reprenant la doctrine manichéenne, elle prônait un rejet de ce monde considéré comme l'œuvre du diable. Elle fut déclarée hérétique par l'Église et combattue par les rois de France.

Cent Jours : Période du retour d'exil de Napoléon, qui restaure l'Empire jusqu'à sa défaite finale à Waterloo (juin 1815).

Chambre Introuvable : On baptisa ainsi la Chambre des députés (correspondant au Parlement) élue en 1815, en raison de l'absence de majorité claire.

Chancelier : Officier le plus prestigieux, nommé à vie, il dirige la chancellerie, qui rédige les actes royaux (grands textes de loi, nominations, traités de paix...).

Charles Quint : Roi d'Espagne, empereur d'Allemagne et héritier des provinces bourguignonnes, il fut l'ennemi le plus puissant de François Iᵉʳ, mais fut affaibli par sa lutte contre le protestantisme.

Charte : Texte octroyé par Louis XVIII aux Français en 1814, et instaurant une Monarchie constitutionnelle qui conservait une partie des acquis de la Révolution.

Chevalerie : Groupe que forment les chevaliers, hommes d'armes montés à cheval, et qui domina sur les champs de bataille jusqu'au xıvᵉ siècle. Toute une littérature de chevalerie développa l'image d'un groupe aux vertus à la fois militaires et courtoises.

Chouans : Nom donné aux contre-révolutionnaires qui menèrent la guérilla dans tout l'ouest de la France à partir de 1793, notamment contre la conscription militaire.

Commis : Agents du roi nommés pour une certaine durée. Salariés, révocables, ils furent de plus en plus utilisés pour suppléer aux officiers, devenus propriétaires de leur charge au xvııᵉ siècle et donc moins dociles.

Comte : Titre de noblesse lié à la possession d'un comté. Fonctionnaires révocables sous Charlemagne, les comtes parvinrent à rendre leur charge héréditaire et à acquérir une très forte autonomie vis-à-vis du roi, avant de devoir se soumettre à la fin du Moyen Âge.

Connétable : Commandant suprême des armées du roi. Le plus célèbre fut Du Guesclin.

Courtisan : Homme faisant partie de la cour du roi. Les nobles furent de plus en plus nombreux à demeurer à la cour, notamment sous Louis XIV.

Croisade : Pèlerinage armé destiné à libérer Jérusalem, et décidé par le pape. On l'appelle ainsi car les croisés portaient la croix comme signe de ralliement.

Dauphin : Titre porté par le prince du Dauphiné (région autour de Grenoble). À partir du xıvᵉ siècle, il fut porté par le fils aîné et successeur du roi.

Dévaluation : Fait de diminuer la valeur d'une monnaie.

Dîmes : Impôt ecclésiastique correspondant à l'origine à un dixième de la récolte des paysans.

Domaine royal : Territoires du royaume sous l'autorité directe du roi, et non régis par l'intermédiaire des féodaux. Le domaine sera constamment accru par la monarchie, par mariage, héritage, annexion, pour atteindre à la fin de l'Ancien Régime les limites du royaume.

Duc, duché : Titre nobiliaire le plus élevé, porté par le détenteur d'un duché. Le duché est une seigneurie de grande taille (Bourgogne, Normandie), mais sur lequel le roi conserve en théorie son autorité.

Ecclésiastique : Membre du clergé.

Édit de Boulogne : Édit qui mit fin en 1573 à la quatrième guerre de Religion, il accordait la liberté de conscience et un droit de culte aux protestants à La Rochelle, Montauban, et Nîmes.

Édit de pacification d'Amboise : Accordé en 1563, il accordait une amnistie ainsi que le droit de culte aux protestants dans certaines limites territoriales.

Édit de Saint-Germain-en-Laye : Cet édit, proclamé par Catherine de Médicis en 1570, mit fin à la troisième guerre de Religion, et permit une paix provisoire avec les protestants.

Émigrés : Terme sous lequel sont désignés les nobles qui ont fui la France après la Révolution de 1789.

États généraux : Parlement temporaire regroupant les trois ordres et réunis à l'initiative du roi dans des circonstances particulières, par exemple pour édicter de nouveaux impôts.

Évêque : À la tête du diocèse, il est le dignitaire de l'ordre le plus élevé de la prêtrise. Sa nomination fit l'objet d'âpres rivalités entre le roi et le pape.

Féodaux (les) : Seigneurs possédant un fief. Reconnaissant théoriquement la suzeraineté du roi, ils n'en ont pas moins opposé une longue résistance à l'essor du pouvoir royal.

Fief : Domaine concédé par un seigneur à son vassal et conférant la noblesse, ainsi que l'exercice d'un pouvoir local, en échange de services.

Francie : Territoire sur lequel régnaient les rois francs. La Francie occidentale, apparue au traité de Verdun, en 843, est à l'origine de la France actuelle.

Francisque : Hache franque à double lame.

Frisons : Peuple germanique centré sur la Frise (nord des Pays-Bas), soumis par les Francs et christianisé au VIIIe siècle.

Garde des sceaux : Ministre à qui sont confiés les sceaux validant les actes royaux. Il remplace peu à peu le **chancelier***, que l'on ne peut renvoyer, mais qui est ainsi dépossédé de ses fonctions.

Grand Schisme d'Occident : Division de l'Église catholique déclenchée en 1378 par l'élection successive de deux papes, à Avignon (avec le soutien de la France) et à Rome. La crise divisa toute l'Europe et ne fut résolue qu'en 1415.

Grands féodaux, Grands de France : Termes désignant les seigneurs les plus influents du royaume qui seront, tour à tour, les alliés et les ennemis de la couronne.

Grandes compagnies : Compagnies de mercenaires qui, en temps de paix, se livraient souvent à des pillages sur les populations civiles.

Guerre de Cent Ans : Nom donné aux multiples conflits ayant opposé presque continuellement la France et l'Angleterre de 1337 à 1453.

Guerre de Sept Ans (1756-1763) : Conflit ayant touché tous les États d'Europe, qui entraîna pour la France une dette colossale et la perte de nombreuses colonies, dont le Québec.

Guerre de Succession d'Autriche (1740-1748) : Conflit ayant touché tous les États d'Europe, pour le choix d'un successeur à l'Empire. Il s'acheva pour la France sur un *statu quo*.

Guerre des Trois Henri : Cette guerre civile opposa de 1584 à 1589 Henri III, soutenu par les royalistes, Henri de Navarre (futur Henri IV), soutenu par les protestants, et héritier légitime, et Henri de Guise, chef de la Ligue catholique. Après l'assassinat d'Henri de Guise, Henri III et Henri de Navarre se rapprochèrent, puis Henri III fut assassiné en 1589, laissant seul Henri de Navarre.

Guerre de Vendée : Insurrection contre-révolutionnaire suscitée par la levée en masse (conscription) de 1793. Elle aboutit à la constitution d'une véritable armée mais fut écrasée par une répression meurtrière.

Guizot François (1787-1874) : Homme politique conservateur et historien, il fut le grand Premier ministre de Louis-Philippe.

Guyenne : Ensemble des possessions du roi d'Angleterre en Aquitaine, conquises par le roi de France en 1453.

Huguenots : Nom donné aux protestants en France.

Interdit : Décision de l'Église de suspendre l'exercice du culte dans une région précise.

Introniser : Placer solennellement sur le trône.

Jacquerie : Révolte paysanne au Moyen Âge. La plus importante, celle de 1358, dirigée contre les seigneurs, fut noyée dans le sang.

Jeanne d'Arc (1412-1431) : Celle qu'on appelle la Pucelle rejoignit Charles VII en 1429 pour combattre les Anglais. Après avoir délivré Orléans et fait sacrer le roi à Reims, elle échoua à reprendre Paris, et fut capturée au siège de Compiègne. Jugée comme hérétique et sorcière par l'évêque Cauchon à Rouen, elle avoua ; puis, s'étant rétractée, elle fut déclarée relapse, et brûlée vive.

Jean sans Peur (1371-1419) : Duc de Bourgogne. Ayant fait assassiner Louis d'Orléans en 1407, il déclencha la guerre civile entre Armagnacs et Bourguignons, et fut assassiné à son tour par un Armagnac en 1419.

Jean sans Terre (1167-1216) : Roi d'Angleterre. D'abord allié, contre son frère Richard Cœur de Lion à Philippe Auguste, il fut vaincu par ce dernier à la Roche-aux-Moines en 1214.

Leszczński Stanislas (1677-1766) : Roi de Pologne déchu après la guerre de Succession de Pologne, il obtint à titre viager la Lorraine en réparation, et la transmit à la couronne de France à sa mort.

Ligue catholique : Union de catholiques français formée en 1576, et dirigée par Henri de Guise, elle joua un rôle actif dans les guerres de Religion, représentant l'aile la plus dure des catholiques, avant de se dissoudre après l'abjuration d'Henri IV (1593).

Ligue de Cognac : Nom donné à l'alliance constituée en 1526 par François Ier avec Venise et le pape contre l'empereur Charles Quint, pour remettre en cause le traité de Madrid, signé par le roi de France en 1525 alors qu'il était encore captif de l'empereur.

Loi de primogéniture : Dévolution de la couronne à l'aîné des héritiers.

Loi de masculinité : Dévolution de la couronne au premier des fils et empêchant toute transmission du pouvoir aux filles.

Loi salique : Loi dont l'origine remonte aux Francs saliens et plus précisément au règne de Clovis Ier. Par la suite, elle désignera le privilège de **masculinité*** et de **primogéniture*** qui caractérise la succession à la couronne en France.

Lombards : Peuple germanique qui envahit et occupa l'Italie de 567 à 774, avant d'être vaincu par Charlemagne.

Lombardie : Région du nord de l'Italie, dont Milan est la capitale, qui fut le cœur du royaume lombard.

Lotharingie : Royaume né du partage de Verdun (843), qui revint à Lothaire, et comprenait l'Italie, la Provence, la Bourgogne, l'est de la France actuelle. Coincé entre Francie occidentale et Francie orientale (futures France et Allemagne), il fut peu à peu dépecé.

Maine : Comté datant de 955, dont la capitale était Le Mans, rattaché en 1126 à l'Anjou.

Maires du palais : Dirigeant la maison des rois mérovingiens, ils s'approprièrent peu à peu le pouvoir royal et parvinrent à rendre héréditaire leur charge, avant que le dernier d'entre eux, Pépin le Bref, ne s'empare du titre royal.

Marche : Comté formé au Xe siècle, situé entre Limousin et Touraine, et qui fut rattaché au domaine royal sous François Ier.

Massacre de la Saint-Barthélemy : Massacre des protestants, surtout à Paris, ordonné par la reine mère Catherine de Médicis. Déclenché dans la nuit du 23 au 24 août 1572, il aboutit à la mort de plus de trois mille protestants, notamment l'amiral de Coligny.

Mignons : Favoris du roi (en particulier d'Henri III), souvent accusés d'homosexualité.

Milices : Troupes armées recrutées et entraînées par les villes.

Missi dominici : Fonctionnaires dévoués qui opéraient le lien entre l'administration impériale et les administrations locales. La charge fut créée par Charlemagne.

Mouvement communal : Tentative permanente sous l'Ancien Régime, notamment au XVIIIe siècle, de faire reconnaître l'autonomie de l'organisation villageoise, surtout face aux seigneurs.

Neustrie : Royaume mérovingien qui correspondait au nord de la France actuelle.

Onction sacrée : Lors du sacre, le roi reçoit l'onction : on le bénit en l'oignant (en déposant sur lui) du Saint Chrême, un mélange de baume et d'une huile miraculeuse censée avoir été offerte à Clovis par Dieu.

Ordinatio Imperii : Par cette charte, Louis le Pieux organisa en 817 la succession impériale au profit de son fils Lothaire, avant de revenir dessus et de déclencher ainsi la guerre.

Ordonnance de Villers-Cotterêts : Édictée par François Ier en 1539, elle prescrivait l'usage du français à la place du latin dans les actes officiels.

Ordonnances : Textes édictés par le roi ayant force de loi.

Parlement : Institution qui a beaucoup évolué selon les époques mais dont l'objet était de rendre la justice et d'enregistrer les lettres patentes. En marge du Parlement de Paris, qui correspondait à l'origine au domaine royal, seront peu à peu institués des Parlements régionaux.

Perche : Comté de l'ouest du Bassin parisien réuni au domaine en 1525.

Plantagenêts : Dynastie régnant sur l'Angleterre de 1154 à 1485.

Pragmatique Sanction de Bourges : Règlements édictés en 1438 par Charles VII, lui permettant d'exercer un très fort contrôle sur la nomination des évêques et abbés de France.

Praguerie : Sous le règne de Charles VII, nom donné à une révolte des nobles qui refusaient d'être privés de leur armée.

Prise de la Bastille : Le 14 juillet, alors que l'Assemblée constituante avait été proclamée, le peuple de Paris s'empara de cette prison, symbole de l'absolutisme, car on y était enfermé par lettre de cachet, c'est-à-dire sur simple demande du roi.

Prise d'Alger : Victoire militaire française du 5 juillet 1830, marquant le début de la conquête de l'Algérie.

Privilège : Statut spécifique attaché à un groupe (par exemple les nobles), une ville, une province, ou tout autre corps reconnu par le roi : ce statut peut se traduire par une dispense d'impôts, l'octroi d'honneurs particuliers ou de garanties juridiques propres.

Réforme : Mouvement religieux (également appelé protestantisme) parti d'une volonté de réformer l'Église et de revenir au texte de la Bible qui aboutit à une rupture totale avec l'Église catholique et, en France, à la création d'une Église réformée.

Régence : En cas d'impossibilité de régner du roi (pour cause d'âge ou d'incapacité physique ou mentale), une régence était instituée. Elle octroyait de manière temporaire le pouvoir à des proches du roi faisant le plus souvent partie de sa famille.

Régicide : Assassinat d'un roi, ce qui constituait le crime le plus atroce, et le plus durement puni. On désigne également ainsi l'assassin (Ravaillac pour Henri IV).

Régime constitutionnel : Régime politique reposant sur un texte fondateur, une constitution, qui définit les règles d'attribution du pouvoir d'État, les modalités de son exercice, sa répartition entre les institutions, et les droits des citoyens.

Restauration : Nom du régime qui succède à l'empire et restaure la dynastie des Bourbons en France entre 1814 et 1830.

Révolte des pastoureaux : Révolte de bandes de paysans constituées à l'origine pour aller délivrer Louis IX en Égypte, et qui se livrèrent à des pillages à travers le pays.

Richard Cœur de Lion (1157-1199) : Roi d'Angleterre (1189-1199), adversaire de Philippe Auguste, surtout connu pour sa participation à la troisième **croisade***, et pour ses conflits avec son frère Jean sans Terre qui voulut usurper le trône en son absence.

Robertiens : Dynastie issue de Robert le Fort, installée en Neustrie sous les Carolingiens, qui est à l'origine de celle des Capétiens.

Sacre : Cérémonie conférant au roi un caractère divin le plaçant au-dessus des laïcs, sur le modèle des rois hébreux. Instauré par Pépin le Bref, il devint un des piliers de la légitimité monarchique. Le sacre ne fait pas le roi, mais lui ajoute une dimension religieuse.

Saint Empire romain germanique : Créé en 962 par l'empereur Othon le Grand couronné par le pape Jean XII, le Saint Empire romain germanique perdurera pendant huit siècles et préfigure l'Allemagne actuelle.

Saintonge : Région au sud du Poitou, incluse dans l'Aquitaine médiévale et anglaise jusqu'à sa conquête par Du Guesclin (1372).

Saliens : Groupe franc le plus important, occupant dès le IVe siècle un territoire au débouché du Rhin.

Seigneur : Dans un système féodal, il est celui dont dépendent des hommes et des terres, dans le cadre d'une seigneurie : la plupart des seigneurs sont nobles, mais une seigneurie peut appartenir à un bourgeois, ou à l'Église.

Sénéchal : Le plus grand des offices de la couronne sous les Capétiens, il fut supprimé par Philippe Auguste qui le trouvait trop puissant. Le terme désigne aussi l'équivalent des **baillis*** au sud et à l'ouest du royaume.

Serf : Non libre, le serf est attaché à la terre et astreint à diverses corvées et redevances envers son seigneur.

Sigebert II : Roi mérovingien ayant régné en 613 sur l'**Austrasie*** et la **Burgondie***.

Temple, templiers : Ordre religieux militaire fondé pour la défense des pèlerins en Terre sainte. Une fois cette guerre perdue, leur inutilité et leur richesse en firent la proie de Philippe le Bel.

Thibaut IV de Champagne (1201-1253) : Comte de Champagne, roi de Navarre, connu pour ses dons de guerrier et de trouvère.

Titulature : Formule recensant l'ensemble des titres et qualités d'une personne.

Traité de Boves : Signé en 1185 pour mettre fin à la guerre entre le comte de Flandre et Philippe Auguste, il permit le rattachement au domaine de l'Artois, d'Amiens, et de 65 places fortes du Vermandois.

Traité de Brétigny : Signé par le roi Jean II en 1360, prisonnier des Anglais, il leur abandonnait un tiers du royaume : il fut rejeté par le dauphin et les états généraux.

Traité de Cateau-Cambrésis : Signé en 1559 entre la France et l'Angleterre d'une part, et la France et l'Espagne de l'autre, il mit fin aux guerres d'Espagne en laissant à la France Calais, Metz, Toul et Verdun.

Traité de Saint-Clair-sur-Epte : Signé en 911 entre Charles III le Simple et Rollon, chef des Normands, il permit à ces derniers de s'installer dans ce qui devint la Normandie.

Traité de Verdun : Traité de partage de l'empire carolingien en 843, qui dessina trois royaumes, **Francie*** occidentale (annonçant la France), Francie orientale (future Allemagne) et **Lotharingie*** entre les deux.

Traité de Paris : Signé en 1259, il mit fin provisoirement au conflit franco-anglais, l'Angleterre renonçant aux terres conquises par Philippe Auguste, et reconnaissant la suzeraineté du roi de France en Aquitaine.

Traité de Tarascon : Signé en 1291 par Philippe le Bel, il mit fin à la guerre entre la France et l'Aragon qu'avait déclenchée son père Philippe III.

Traité de Troyes : Signé en 1420 entre Charles VI et Henri V d'Angleterre, il reconnaissait ce dernier héritier de la couronne de France au détriment du **dauphin***, le futur Charles VII.

Trêve de Dieu : Mouvement lancé par l'Église au XIe siècle et visant à interdire l'activité militaire durant certains jours, notamment durant l'Avent, à Noël, à Pâques, le dimanche.

Trois Glorieuses : Nom donné aux 27, 28 et 29 juillet 1830, jours de la révolution qui mit fin au règne de Charles X et entraîna le régime de la monarchie de Juillet du roi Louis-Philippe.

Trois ordres (les) : Ils constituent traditionnellement la société de l'Ancien Régime ; ce sont, par ordre de dignité : le clergé, la noblesse et le tiers état.

Ultras : Durant la Restauration, c'était le surnom des ultraroyalistes, partisans d'un rétablissement de la monarchie absolue.

Vassal : Homme lié à un **seigneur*** qui, en échange de son service, et de la reconnaissance de sa **suzeraineté***, lui remettait un **fief***.

Vermandois : Comté situé au nord du Bassin parisien, l'Aisne actuelle, incorporé au domaine royal en 1213.

Victoire de Coutras : Victoire d'Henri de Navarre, futur Henri IV, en 1587 sur le duc de Joyeuse qui conduisait l'armée de la **Ligue***.

Victoire de Marignan : Victoire remportée par François Ier en Lombardie en 1515 sur les Suisses alliés du duc de Milan.

Bibliographie abrégée

Pour les débuts de la monarchie, nous avons adopté les hypothèses partagées par de nombreux historiens. En effet, certains personnages sont presque légendaires. Pour d'autres, nous manquons de précisions. De plus, à ses débuts, le domaine royal ne correspond pas à sa définition ultérieure, et le titre de roi de France n'est pas attesté. Nous avons donc opéré des choix et mentionné dans la chronologie les souverains dont la tradition affirme qu'ils ont régné sur la France.

Bien connaître les généalogies des rois de France, Jean-Charles Volkmann, éditions Jean-Paul Gisserot, 1997.

Mémento des rois de France, Claude Wenzler, éditions Ouest-France, 2003.

Les Souverains de France, Maurice Griffe, éditions Maurice Griffe, 2001.

Dictionnaire des reines de France, Christian Bouyer, Perrin, 1992.

Rois et reines de France, duc de Castries, Tallandier, 1979.

L'ABCdaire des rois de France, Flammarion, 2000.

Librio

650

Composition PCA – 44400 Rezé
Achevé d'imprimer en Allemagne (Pössneck) par GGP
en mars 2006 pour le compte de E.J.L.
87, quai Panhard-et-Levassor, 75013 Paris
Dépôt légal mars 2006
1er dépôt légal dans la collection : juillet 2004

Diffusion France et étranger : Flammarion